OHSAMA BUNKO

自分のまわりに「不思議な奇跡」がたくさん起こる!

ウエイン・W・ダイアー
渡部昇一[訳]

三笠書房

私はこれまで、何度もこう尋ねられた。
「不遇の子ども時代を乗り越えて、
ほとんどすべての望みをかなえることに成功した秘訣は？」
私の答えはいつも同じだ。
「〝無限の力の法則〟が正しいことを信じ、
それをいつも実践してきたから」

ウエイン・W・ダイアー

◎もくじ

1章

〝スピリチュアルな視点〟に立つとすべてがうまくいく

——「目に見えない世界」にすべてゆだねてみる

2章

「想像力」のパワーで幸運を引き寄せる

――心にはいつも「いいこと」だけを思い描く

3章

誰もが〝奇跡を起こす力〟を秘めている

――「宇宙」とつながる一番いい方法

4章

「体、環境、心」を浄化すると一気に開運できる!

――自分の〝エネルギー〟をクリアに保つコツ

5章

「魂」を成長させる心の習慣
——あなたはもっと豊かに幸せになれる

6章

感情をコントロールできると人生が変わる
――「怒り・恐れ・妬み」と無縁の世界へ

7章

「愛の種」を蒔けば、憎しみは枯れていく
――「自尊心」というブーケで魂を飾ろう

8章

「奇跡の癒し」があなたのものに

――病気・けがに治癒をもたらす「神秘の力」

11章

「光」をあてれば「闇」は消え去る
——新しい世界・次元に出合う考え方

1章

〝スピリチュアルな視点〟に立つとすべてがうまくいく

──「目に見えない世界」にすべてゆだねてみる

「あなたは花を育てることができるか？」

こう尋ねられたら、たぶん、あなたはこう答えるだろう。

「簡単なことだ。土に種を蒔《ま》いて日光と水を与えれば、やがて花が咲く」

たしかに、その通りだ。

しかし、質問をもう一度読んでから、花を育てる「生命の源」がいったい誰（何）なのか、考えてほしい。

誰（何）が、種を発芽させ、花を咲かせているのか？

誰（何）が、受精卵を細胞分裂させ、小さな胚から人体をつくっているのか？

誰（何）が、感じるけれども目には見えない風を吹かせているのか？

そして、惑星を定まった位置に配置し、地球を猛スピードで運行させているこの力は、いったい何なのか？

あらゆる悩みが〝一瞬でクリア〟できる方法

あなたが人生で出合うすべての問題は、あなたの中に眠っている、〝無限の力〟を目覚めさせれば解決できる。私はこれを「スピリチュアル問題解決法」と呼んでいる。

〝無限の力〟とは、かたちがなく目には見えない宇宙エネルギー、この地球に存在するあらゆる生命の源である。

本書では、この「スピリチュアル問題解決法」を人生のあらゆる場面で生かしていく方法について伝えていくが、まずは、基本となる三つのステップについて説明しよう。

1 「スピリチュアルな力」の存在を認める

多くの人が〝無限の力〟というスピリチュアル・パワーの存在に無自覚であり、その存在を認めようとしない。

しかし、自分の知覚を超えた「神秘の力」を無視して生きることは、あなたの「無限の可能性」を無視することに等しい。

生命、自然、そして宇宙の源である、この神秘のパワーは、いつでもあなたの手の届くところに存在している。まずはそれを認めることが、自分の中に眠っている「無限の力」を働かせる最初のステップなのだ。

たとえば、あなたが何か大きな問題にぶつかっているとして、どうすれば解決できるのか、今のところは正確にはわかっていないとしよう。

しかし、「解決できることは十分、わかっている」と自分に言い聞かせていると、必ず、天から助けのロープが降りてくるように解決策が見つかるものだ。

本章の冒頭の問いに答えると、物質的な存在として、私たちは花を育てることができる。けれども、賢明な人なら、あらゆる生き物に命を吹き込んでいる〝目には見えない力〟の謎を解き明かすのが、いかに難しいかに気づくだろう。

それでも、この宇宙、そして地球上の至るところに存在するこの神秘の力、スピリチュアルな力こそ、あらゆる問題、悩みを解決してくれる、あなたの心強い味方なのだ。

まずは、このスピリチュアルな力の存在を「認める」ことが出発点になる。

2「思考が現実化する」ことを体感する

次のステップは、〝無限の力〟を「体感」することである。

〝無限の力〟を体感するためには、まず自分はどういう人間になりたいか、どんな人生なら満足できるかを心にイメージしてほしい。そして、心に浮かんだイメージは近い将来、必ず実現すると確信しよう。

すると、「心に思い描いたこと」が、あたかも「現実の世界」であるかのように感じられてくるはずだ。

これが「体感」で、静かに瞑想している時に練習すれば、あなたも必ず経験できるだろう。

自分を磁石のような存在だと思ってほしい。**あなたは、自分が考えたことを引き寄せている。**

やがて、より大きな磁力によって、さらに次元が高い真実のほうに自分が引き寄せられていることに気づく。あなたを動かしているのはもう、自分の磁力だけではない。あなたはきわめて抽象的な一種の磁場にいて、より高い次元へと引き寄せられているのだ。

私は瞑想にふけっている時、磁力に似た力によって高い次元に引き寄せられるのがよくわかる。そして、その瞬間に「悟り」に達し、心が一新される。

すると、自分がこれまで「問題」と思い込んでいたことが自然と解決していくのだ。

3 〝神秘の力〟と〝自分〟を一体化させる

三つ目のステップは、**〝無限の力〟と「自分」を一体化させる**ことである。

自分は大いなる宇宙エネルギーの一部であり、自分のすべてが偉大だと確信し、自分にも無限の力があることをみじんも疑っていない――こうした状態にある時、私た

ちは無限の力、宇宙エネルギーと完全に一体化している。

心の中で無限の力を体感し、一体化する練習をすると、あなたは「**聖なるパートナー**」の**存在を感じるだろう**。そして、もし何か大きな問題を抱えていると感じたら、この「**聖なるパートナー」に問題をゆだねてしまえばいい**のだ。すると、心がスーッと落ち着き、穏やかなエネルギーが充満してくるはずだ。

インドの宗教者・聖ラーマクリシュナは、次のようなたとえ話によって、神と直接結びついた状態になる方法を信者に教えた。

ある時、一人の弟子が、神について瞑想する方法を教えてもらうため、師のもとに来た。師はアドバイスを与えたが、弟子はすぐに戻ってきて、うまくいかないと報告した。瞑想しようとするたびに、かわいがっている水牛のことを考えてしまうというのだ。

「それなら、大好きな水牛について瞑想しなさい」

師は助言した。

弟子は部屋に閉じこもり、水牛のことを一心に考え始めた。数日後、師が弟子の部屋をノックすると、中から返事があった。

「挨拶に出られず、申し訳ありません。このドアは小さすぎます。私の角が邪魔になるものですから」

師は微笑んで言った。

「すばらしい！　意識を集中させた対象と一体になれたんだな。今度は、神に集中すればすぐに成功するだろう」

このたとえ話が伝えていることは明白だ。

「自分の無限の力を疑ったり、恐れたりしてはならない。自我を超越して神と一体化し、より崇高なもう一人の自分になれ」

というのがそのメッセージだ。

あなたがどんな問題に心を悩ませているとしても、無限の力とつながっていれば、必ず解決できる。

「物質世界と精神世界」の関係は、「電球と電気」の関係と同じ

ヒンドゥー教の聖典『バガヴァッド・ギーター』には、
「人は自然界に生まれる。そして精神世界に目覚めることが、二度目の誕生である」
と書かれている。

この「精神世界《スピリチュアル・ワールド》」は、物質世界と区別されることが多い。

しかし、私はこれら二つの世界を分けるのではなく、**スピリチュアルな世界は物質世界の「一部」と見なすことが大切**だと思う。

つまり、この二つは同じものを指しているのだ。スピリチュアルな事象は、五感によって確認できないものを表わしているが、本質的には物質世界の事象と同じものだからだ。

私の友人は、**目に見える世界を「電球」**に、**スピリチュアルな世界を「電気」**にたとえているが、人は電球を見ても、それを光らせている電気については思いをめぐら

せないものである。

また、私が「スピリチュアル」と言う時、「宗教的」と同じ意味で使っているわけではないことを強調しておきたい。宗教とは、長期にわたって人々が支持する信念やルール、歴史的な聖典である。

一般に、人は生まれ落ちた環境によって信仰する宗教が決まり、問答無用でこの信仰の習慣に従うようにしつけられることが多い。

これらは、外から強いられた習慣や期待であり、「スピリチュアル」という語の私の定義にはマッチしない。

“心のにごり”を取り除く「七つのシンプル習慣」

スピリチュアルな視点で生きるとは、より高いレベルの人生を送るための一つの方法だと私は理解している。

そのために、私は簡単で基本的な習慣を守っている。その習慣を、私から見て重要性の高い順に紹介しよう。あなたも日々の生活で実践してほしい。

1 「自分は無力だ」と認めて、ゆだねる

これを最初に挙げたのは、一番重要で、しかも、一番困難だからだ。

特に、「人生とは自らの手で切り開いていくものだ」と信じて育った人ほど、一日を無事に過ごすことにも、たくさんの人の助けが必要だということを認めたがらないものだ。

「自分は無力だ」と認め、ゆだねる時、私はこんなふうに考える。

「私はこの事態を収拾する方法を知らないが、毎晩、眠る時に肉体をゆだねるのと同じ力に、この問題をゆだねている。私は、この力のおかげで食べたものを消化したり、血液を循環させたりできると信じている」

つまり、自分の無力さに謙虚になり「ゆだねる」ことで、「無限の力」と回路がつながるのである。

2　〝心のプラグ〟は「スピリチュアル世界」につなぐ

スピリチュアルな力によって問題を解決するとは、不和や反目の心を捨て、愛の心で生きることを意味する。

たとえば、仕事での交渉が行き詰まった時、人間関係でトラブルが生じた時などは、「関係者全員にとって最善のかたちで問題が解決するように……」と静かに唱えるといいだろう。

私は、怒りや憎しみ、反目といった感情を**「相手を愛しなさい」というメッセージ**なのだと思うことにしている。こんな心の習慣を心がけるだけで、ネガティブな感情に振り回されることはなくなる。

また、こんなことをイメージしてほしい。

あなたは、先端にプラグのついた長いコードを腰にぶら下げている。そのプラグを「物質世界」のコンセントに差し込むと、誰かと反目していると思い込み、その結果、心が乱れる。イライラしたり、傷ついたり、動揺したり、苦悩したり、「問題を解決できない」と言って絶望したりするのだ。

一方、「スピリチュアルな世界」のコンセントにプラグを差し込めば、不安から解放されて、すぐに心の安らぎを得られる。

このコンセントのたとえからも、愛は不安や不満に代わるものだということがわかるだろう。

スピリチュアルとは、愛と同義語である。スウェーデンの神秘主義思想家エマニュエル・スウェーデンボリは、このことを「神の本質自体が愛だ」とうまく言い表わしている。

愛とは、闘うことではなく協力することであり、疑うことではなく信じることだ。愛は——というより、愛だけが——より高い次元のエネルギーでネガティブな感情をすべてとかし去る。

愛という光が存在するだけで、マイナスの感情という闇がなくなるのである。

3 「魂のレベル」から自分を見つめてみる

「人生について多くを語らせるには、無限なるものとの関係を問えばよい」

とカール・ユングは述べている。

たとえば私は、生命は不滅だと心の底から信じている。生命はかたちを変えることはあっても、壊されることはない。そして、私たちの魂は無限の力とは切り離すことができないと私は信じている。


こんなふうに自分は無限だと意識すれば、すべてのことを正しくとらえられる。

「命を与えるのは『霊』である。肉は何の役にも立たない」

という言葉が聖書にある。

私たちにとって本当に価値があるのは、現在、過去、そして未来にわたって存在する「魂」や「精神」なのだ。

4 心を「空」にすると〝いいエネルギー〟で満たされる

何か問題が起こった時、私は心を静めて思考をストップする。心を空っぽにして耳を澄まし、自分が解決へと導かれていると心から信じる。一種の瞑想である。するると、「～しなければ」という小さな考えを手放せるようになり、自分の運命に**喜んで身をゆだねられる**ようになる。

また、心を空っぽにするとは、過去の出来事への非難や怒りを捨てることだから、「許す」ことができる。誰がいつ何をしたとか、誰それは間違っているといったことから自由になれる。心が「空」になった時、私たちは憎しみや羞恥心、復讐心といった低次のエネルギーから抜け出せるのである。

5 「与える・感謝する」から「与えられる・感謝される」

私たちは何も持たずにこの世に生まれ、何も持たずにこの世を去る。だからこそ、この世に生まれてきたこと、他人への感謝の気持ちを忘れないこと。具体的には、次のように考えてみよう。

- 私たちは、世界に「差し出したもの」を世界から「受け取る」。
- 「ちょうだい！　ちょうだい！　ちょうだい！」というメッセージを世界に送っていると、自分も「ちょうだい！　ちょうだい！　ちょうだい！」というメッセージを世界から受け取る。その結果、心が安まる時がなくなる。
- 「私は何を与えられるだろう？」「どんな役に立てるだろう？」というメッセージを世界に送っていると、「私は何を与えられるだろう？」「どんな役に立てるだろう？」というメッセージを受け取る。「自分から与える、感謝する」ことを心がければ、不思議なことに、行く先々ですばらしいことが起こるのである。

6　私たちは〝深いところ〟でつながっている

詩人でイスラム教神秘主義派のジャラール・アッディーン・ルーミーは、「私」「あなた」「彼」「彼女」「彼ら」といった語は、「神秘主義の庭では区別することができない」と説明している。

私たちは、みな深いところでつながっている。意識のレベルで考えれば、自分が抱えている悩みや問題を、他のみなも抱えていることに気づくはずだ。

小さなエゴを捨て、すべての人や無限の力との一体感を育み、争いを手放そう。

あなたと深い絆で結ばれ、あなたを励まし、手を差し延べてくれる人々が身近にいることを認めよう。そうすれば、誰もがライバルではなく仲間になる。

ネガティブな言葉やネガティブな自己イメージを捨て、自分のまわりの人たちを〝愛に満ちた人々〟と考えてみよう。そうすれば、**不思議なくらいのタイミングで、あなたを助けてくれる人が必ず現われる。**

そして、**奇跡というのはこうした瞬間に起こる**のだ。

7 「快活さ」で〝悟りのレベル〟はわかる

私の人生に大きな影響を与えた師はみな、**人生を軽やかに笑って受けとめられると**

いう、**驚くべき資質**を持っていた。

意識が高いレベルに到達している人は、見た目にも他の人とはどこか違う。いつも至福を味わっているように見えるのだ。

〝快活さ〟とは「悟りのレベル」をはかる確かな目安である。スピリチュアルな世界と深く結びついていればいるほど、心は穏やかに、そして気分は快活になるのだ。

「私はいつも、どんな気分だろうか？」と自分に問いかけてみよう。不安を感じたり、苦悩していたり、傷ついていたり、気が滅入っていたり、苛立ちを感じていたりするなら、あなたはスピリチュアルな世界と結びついていない。

現在の生活環境が原因で、あなたのエネルギーが汚染されているのかもしれない。

スピリチュアルな世界と一体になっている時、あなたは腹を立てたり、他人を裁いたり、レッテルを貼ったりすることもない。

私はよく、「最近、私は内心、どんな気分なのだろう？」と自問する。

答えが「あまりよくない」とか「動揺している」だったら、スピリチュアルな世界のコンセントに自分のプラグをつなぐため、静かな場所に行く。すると、すぐに快活な気分に戻ることができる。

この方法で自分の意識レベルをテストしよう。**陽気な気分でないなら、「心がスピリチュアルな世界を求めている」**ことを思い出してほしい。

私は、エーリッヒ・フロムの洞察に満ちた次の言葉が非常に気に入っている。

「人は、退屈したり、不満を抱いたり、天国から追放された気分になったりできる唯一の動物だ」

あなただけが、自分自身を天国の庭から追放できる。

どんな問題にも〝最上の種〟が宿っている

私が「問題」という言葉を使う時、それは「無限の力から離れてしまっている」ことを指している。けれども、無限の力が存在しない場所はないので、本質的には無限の力から離れることはできない。

これは矛盾した話ではないか。無限の力と結びついている時、私たちはまったく問題を抱えていない。そして、私たちは常に無限の力と結びついているにもかかわらず、

「問題がある」と信じているのだ。

この難問への答えが、本書の大部分のテーマとなる。

病気や反目、不和、恐怖、不安、不足、不満、他人への失望などの問題を、私たちは抱えている。こうした問題を抱えている時、私たちは孤独感や疎外感を抱いたり、怒りを感じたり、傷ついたり、滅入ったり、恐れたり、苦悩したりする。

しかし、自分の「生命の源」とふたたび結びつくと、こういった感情は消える。

まるで本当に存在するかのように「問題」という言葉を使うのは、あなたも終わりにしよう。**この本で「問題」という言葉を使う時、私はそれが幻であることを知りながら使っている。**

だから、本書でこの言葉を目にするたびに、「それは自ら生み出した幻だ」と私が考えていることを理解してほしい。

人生で最悪の出来事も含めて、あなたのすべての問題には〝最上の種〟が宿っている。どんなピンチもチャンスと考えることができる。それで、人生が必ずしも楽になるわけではないが、もっと満足のいくものにはなるはずだ。

マイナスの〝思いグセ〟を手放すには

以下に挙げる聖書からの引用について、ちょっと考えてほしい。
「あなたの目は悪を見るにはあまりに清い。人の労苦に目を留めながら捨てて置かれることはない」

ほとんど同じ意味の言葉がすべての宗教に見られる。イスラム教の聖典『コーラン』では、「あなたが持つ善なるものはみな神に由来し、邪悪なものはみな、あなた自身に由来する」と表現されている。

神、つまり無限の力が善で、無限の力がすべてのものを創造したのなら、すべてのものは善である。無限の力の前に、悪は存在しない。

では、私たちが一括《ひとくく》りに「問題」と分類しているものはみな、どこからきたのか？

答えははっきりしている。

自分の〝思い込み〟である。

こうした〝思い込み〟や、マイナスの〝思いグセ〟が原因で、肉体が病むこともある。そこではじめて、私たちは解決法を探し始める。

私たちは、ガンや心臓病、エイズの力を、病気を治す力（無限の力）を信じる以上に信じていることが多い。悪や痛み、苦悩は、私たち自身がつくり出したものにすぎないのに……。

「あらゆる問題は自分が心の中でつくり出している」と理解することが、とても大事な理由がわかるだろう。

詳しいことは後で触れるが、解決とはつまり、病気や反目、不和といった「問題」にスピリチュアルな光をあてることである。そうすれば、間違い、つまり、幻は消える。

繰り返すが、間違いとは現実には存在しないのに、問題があると思い込むことを言うのだ。

スピリチュアルな視点を取り戻すことですべての問題が解消されるという、この少し過激な考えを、簡単に紹介してきた。

私は、シェークスピアの次の一節が大好きだ。

「ご自分の胸によおく尋ねてごらんなさいまし」（『尺には尺を』第二幕第二場）

胸は、〝思考によらない部分〟を象徴している。「自分を指してください」と言われると、九九パーセントの人は頭ではなく胸を指す。

あなたの胸、つまりスピリット、魂には、人生のあらゆる問題を解決する答えがあるのだ。

2章

「想像力」のパワーで幸運を引き寄せる

——心にはいつも「いいこと」だけを思い描く

心に不安や不満のない人生を手に入れるためには、自分のエネルギー・レベルを上げさえすればいい。

高いエネルギー・レベルで生きている人は、小さな問題に悩まされることも少ない。反対に、低いエネルギー・レベルで生きている人は、自ら問題を大きくしてばかりいる。

いつも〝進化向上している人〟の秘密

本書のページを超高倍率の顕微鏡で調べれば、分子や原子、電子、素粒子が絶え間なく動き回っているのが見えるだろう。だが、肉眼（感覚）では、こうした動きをとらえることはできないので、見たところ、本書は固体として見える（ちなみに、感覚も振動している）。

そして、この宇宙に存在するすべてのものは、みな動いている。

たとえば、私たちが踏みしめている大地、地球も、目がくらむような速度で宇宙を突き進んでいる。

物理学の世界では、高速で動くものほどエネルギー・レベルは高いとされるが、地球のエネルギー・レベルがとても高いことはあなたにも理解できるだろう。

周波数や振動といった視点から考えるのは、あなたには馴染みがないことかもしれないが、科学者がいつもしていることだ。科学者は素粒子レベルで物質を研究し、創造の本質はエネルギーだと述べている。

もちろん私の目的は、量子物理学の世界を深く探求したり、緻密な科学的証拠を示したりすることではない。私の目的は、

「いい人生を送れるかどうかは、自分のエネルギー・レベルを高めていく気があるか否かにかかっている」

とあなたに気づいてもらうことだ。

たとえば、あらゆる種類の病気や中毒などにも、宇宙に存在するあらゆるものとまったく同じように、周波数と振動がある。恐怖やストレス、不安はみな低レベルのエネルギーなのだ。

しかし、こうしたマイナスのエネルギー・パターンを抜け出そうと決意すれば、あなたは一段高いレベルへと上がれる。なにも難しい話ではないのだ。

その他にも、偏見に満ちた発言をしてひどい目に遭ったり、敵をつくったりするのは、エネルギー・レベルが低い時の特徴であるが、無限の力との一体感を感じようと意識すれば、そうした悩みから解放される。

そしていかなる境遇にあっても、高いエネルギー・レベルで生き、エゴや集団意識のレベルの時とは違う世界観を持てるだろう。

「ちょうだい、ちょうだい、ちょうだい」ではなく、「どうすれば与えられるか?」というメッセージを、世間に送るようになる。

そして、世間からも、鏡のように、「どうすればあなたに与えられるか?」という返事が返ってくるのだ。

〝トラブル知らずの毎日〟が始まるいい方法

磨かれた心、気高い魂を持っている人、人生に深い洞察力を持っている人が周囲にいるとどんな感じか、考えてほしい。

こうした人を観察していると、たちまち目が釘づけになる。そしてこうした人は、言葉の力で相手の「魂」に触れて、愛と感謝の念を呼び起こすのだ。

また、魂や心を磨いていくと、想像力が豊かになり、創造力も芽生える。

創造的になればなるほど、あなたのエネルギー・レベルは上がり、「問題」を生み出す低いレベルのエネルギーに影響されなくなる。

想像力や創造力を生かせば対処できるのに、それを知らないばかりに、「問題」という言葉を使うケースが少なくない。


私は数年前、たいていの人なら大問題と考えそうな問題に直面しているオレゴン州の女性から手紙をもらった。

彼女は苦境にあったが、すばらしい想像力とスピリチュアルな視点を生かして、幸せを取り戻した。

その経過がわかるように、彼女の手紙を紹介する。

「ウエイン様

どこからお話しすればいいのかもわかりません。息子のジェフがドラッグの世界にのめり込み、失踪《しっそう》した当時も、私はあなたに手紙を出しました。あなたはとても親切なお返事をくださいました。『あなたはジェフへと導かれるでしょう！　これは疑う余地のないことです』というのが、お手紙の書き出しでした。

私はその手紙をずっと持っていました。

私がジェフを見つけて二人で抱き合っているところを思い浮かべながら、心の中で手紙の言葉を何度も反芻《はんすう》しました。

誰かに話すたびに、ジェフはたぶん私に会いたがらないだろうとか、私から逃げるだろうと言われました。私はそんな言葉を一度も信じませんでした。直接会って話をすれば、少なくともお互いに理解し合えることがわかっていましたから。

よい知らせです。

本当に、ジェフを見つけました。私の思いが現実になったのです。

彼は、自分の苦しみや違う生活を送りたいという希望を私に打ち明け、その後、ドラッグの世界から足を洗いました。私たちは今、子ども探しを手助けする『サード・オプション』というサービスを二人で始めようと思っています。

私の投稿が、『ニューズウィーク』誌のコラム欄に掲載されました。その記事をきっかけに、多くのテレビ番組の出演依頼が舞い込むようになりました。私たち親子の話を映画化する契約を結んだばかりですし、本も出そうと思っています。

こうした諸々のお金が入れば、会社を設立して、思い描いている通りに経営する資金が得られるでしょう。すでに私たちは、二組の親の子ども探しを手伝い、十件以上の相談を受けています。

よい知らせを伝えたくて、そして、手紙のお礼を言いたくて、ペンを執りました。私たちはみな、互いを照らす光であり、あなたのシンプルな言葉が、息子の失踪で不安に恐れおののき、荒れた生活を送っていた時に、何度も私の道を照らしてくれました。本当にありがとうございます」

この手紙を読めば、**心で想像することには「問題という名の幻」を消し去る強い力があることがわかる。**

あなたの心は、神の心の個性的な表現であると同時に、宇宙の心でもある。

人間の心が持つ創造力の可能性に思いをめぐらしている時、あなたはもう小さなことで気分を害することはなくなるのだ。

「祈りがかなう」宇宙のメカニズム

「自分」と「スピリチュアルな力」との関係について考える際には、テレビやラジオと電波との関係について思い浮かべてみるといい。

自分のエネルギーの周波数を高めれば、遠い惑星や太陽系、そして神とも交信することができるし、反対に周波数を低めれば、ネガティブな感情が心にあふれてくるだろう。


「祈りがかなう」というのも同じ原理ではないかと私は思っている。目に見えないエネルギー信号が、「あなた」と「宇宙」の間を行き来するのではないだろうか。

そうでないなら、祈りの目的は何なのか？

祈ると状況が改善されることが多いという調査結果が出ている。

祈りは、「宇宙エネルギー」という最高レベルの周波数に近づく目に見えないエネルギー振動なのだ。

エネルギー・レベルを上げれば、あなたはいつでも自在に「無限の力」とつながれる。そして、エネルギー・レベルを上げて生きれば、問題という幻が存在する、世俗的でエゴに縛られた世界から抜け出せるだろう。

〝潜在意識のデータベース〟を自在に操る法

医学および哲学博士のデヴィッド・R・ホーキンズが著した、『パワーか、フォースか』という本がある。

ホーキンズ博士は、人間の行動や思考の振動をはかり、羞恥心や罪悪感、無関心、恐怖、怒りといった低い周波数から、意欲や容認、理性、愛、喜び、安らぎ、悟りといった高い周波数にレベルアップする方法を調べるため、二十九年の歳月を費やして徹底的な研究を行なった。

私は、この画期的な本のどのページも気に入っている。序文から引用しよう。

「個々の人間の心は、膨大なデータベースにつながっているコンピュータ端末のようなものだ。データベースは、全人類に共通する潜在意識である。天才とは、このデータベースを自在に操れる人のことだ。そして、この世に生まれた者はみな天才になれる可能性がある」

もちろん、あなたも、この天才のエネルギーを得ることができる。そして、人生でぶつかるトラブルという重荷を下ろしたいと切に願っている人にとって、それは何を意味するのか？

答えは、アインシュタインの言葉を理解すれば得られる。

「何かが動くまで何も起こらない」

問題というものは、低いエネルギー・レベルにのみ存在するのだから、ここから逃れようと自分が心に決めなくてはならないのだ。

たとえば、ガンについて考えてみよう。物質世界の他のすべてのものと同じように、ガンには周波数がある。この周波数は、体と相性が悪く、隣接する細胞をむさぼり食うようになる。たえず怒ったり、恐れたり、妬んだり、批判的になったり、心配したりしていると、ガンをはじめとする病気の周波数と同調し、体を冒されかねない。

こうしたことは、私たちが「問題」と呼ぶほとんどすべての状況にあてはまる。

いつもスピリチュアルな生き方を心がけていなければ、私たちのエネルギー・レベルはすぐに下がってしまい、怒りや憎しみ、妬み、罪悪感で心がいっぱいになってしまう。

対策としては、体内からこうしたマイナスのエネルギーをこまめに、そして完全に取り除いていくことだ。

〝五感の要求〟に心を乗っ取られていないか

さて、物質世界は、もっぱら「感覚」を通じて体験されるが、この感覚こそが、私たちの生活の主要な原動力だ。

私たちは、富や名誉、アルコールやドラッグ、高級車や宝石といったあらゆるものを所有して五感を満足させたいと望む。そして、五感の要求に応えられない時、「問題がある」と言う。

「給料が少ない」「子どもが言うことを聞かない」「昇進できなかった」「ほしい車を買う金がない」「太りすぎだ」「不安に悩まされている」……。

いくらでも例を挙げられる。

こうした問題はすべて、健康上の問題も含めて、五感の求めるがままに人生を送っていることが原因だ。

ユダヤ教の聖典『タルムード』には、こんな言葉がある。

「汝の水源である井戸に石を投げ込むなかれ」

ここで言う「水源である井戸」とは「魂」のことで、「石」とは低いレベルの思いや考えのことだ。つまり、低いレベルの想念があなたの魂を汚染し、あらゆる問題を生じさせるのだ。

もっとお金がほしい、痩せたい……を解決するには

昔の西部劇には、つばの広い帽子をかぶったフィラデルフィア出身の若い貴婦人が

暴走する駅馬車に乗っているシーンがよくある。御者は胸に矢が刺さって致命傷を負っており、駅馬車を引っ張る四頭の馬は茂みの中を暴走している。若い貴婦人は、「お願い、止めて」と叫ぶが、どうにもならない。

このシーンを思い浮かべて、駅馬車があなたの体で、御者がずっと沈黙している知性と考えてほしい。「感情の象徴」である手綱は、「感覚の象徴」である馬にむなしく結びついている。

感覚は完全に暴走し、あなたを引っ張って苦難の人生という小道を駆けている。あなたの中にいる高尚なもう一人の自分（あなたの良心）を象徴するフィラデルフィア出身の若い貴婦人は、「落ち着いて、暴走をやめて」と必死で嘆願している。だが、悲しいかな、「知性」は瀕死の状態で、制御されていない「感情」は、暴走する「感覚」にむなしく結びついている。

あなたが今、多くの問題を抱えているとしたら、このシーンがその理由を示している。あなたの感覚が、あなたの人生の牽引役を務めているのだ。知性は無反応で、高尚なもう一人の自分（魂）は、「正しいことをして」と心の中であなたに叫んでいる。

味覚を感じる器官である味蕾《みらい》を見たことがある。重さ三グラム弱の味蕾が、体重百二十五キロの男性をパン屋へと引っ張っていくのだ。

若い貴婦人が、「体重を減らすためにそれはやめて」と、男性に懇願している。だが、男性は、「肥満の問題を抱えているんだ」と言うばかり。そして、この問題が解消されない言い訳をする。

けれども、男性が実際に抱えているのは、馬（感覚）の問題だ。もし彼が、若い貴婦人が絶え間なくささやく声（良心）に耳を傾けることができれば、暴走はすぐに止まるはずだ。

何とかして、あなたは馬の暴走を止め、低いエネルギー・レベルの世界に引きずり込まれないようにしなければならないし、あなたにはそれができるはずだ。

生活空間に巣くう〝低次元エネルギー〟の退治法

私のお気に入りの言葉を紹介しよう。どうすれば低いエネルギー・レベルから抜け出せるのかと信者に問われ、十九世紀のインドの聖人、ヴィヴェーカーナンダは次のように答えた。

「春に果樹の花を観察しなさい。花は果実が大きくなると自然に消える。花と同じように、自分の中で神聖なものが大きくなれば、低俗な自分も消える」

リンゴの果実が、同じ場所に咲く花と場所の取り合いをすることはない。果実と花の間には、怒りも恐れも闘いもない。果実が大きくなれば、花は消える。アメリカ先住民がよく言うように、「枝同士が愚かにも闘う木はない」のである。

〝問題を抱えている自分〟は、高いレベルの魂で生きていれば、自然に消えてしまう幻にすぎない。幻が消えてはじめて、その問題はもともと現実のものではなかったのだとあなたは実感するだろう。

より満たされた人生を手に入れるには、これまでよりも高いエネルギーのものを生活空間に送り込むだけでいいのだ。そうすれば、これまで生活空間に巣くっていた低いレベルのエネルギーを、静かに、そして確実に、放逐できる。

あなたはどういう時にエネルギーが低下し、エネルギーが低いままでいたら、どんな気分になるかもわかっているはずだ。

では、どうすれば低いエネルギーを取り除けるのか？　私が「スピリチュアル問題解決法」と呼んでいる、高いレベルのエネルギーを手に入れればいいのだ。

なぜ「スピリチアルな生き方」をすることに抵抗があるのか

誰もがスピリチュアルな自分に目覚めることができる。

どうか、「どうやって？」と問わずに「よし！」と前向きに受けとめてほしい。

私たちは「無限の力」を使うことへの恐怖心がある。

これは、世界共通の現象のように思える。金銭や社会的成功、ステータス、特権などを獲得するために多くのエネルギーを注ぐのは、おそらくそのためだろう。そして、その代償として病気をはじめ、あらゆる問題が人生に生じるのだ。

より高いレベルの導きを求める気があるなら、それが自分の思い描く理想の生活像にぴったりとあてはまらなくても、導きに従わなくてはならない。「自分の人生設計に合わないから」と、スピリチュアルな生き方を拒絶するなら、低いレベルのエネルギーに甘んじることになるのだ。

「無限の力」を引き寄せるには、自ら〝高周波な生き方〟を実践しなくてはならない！

これはAM放送に設定してFMラジオ局を聴くことができないのと同じだ。自分のスピリチュアルな力を人生に用いたいのなら、高いレベルの心を養うこと。

まずは、無限の力を感じながら生活して、魂を磨いてほしい。

スピリチュアル・ライフを実践すれば、エネルギー・レベルを変えることができる。そして、心の中で自分が望んでいない、あるいは信じていないことにエネルギーを注ぐのをやめるようになる。あなたが問題と考えているすべてのことは、スピリチュアルな視点から解決されるのを待っているのだから。

人生がうまくいく人は「引き寄せの法則」を応用している

人生の指針とも言えるこの原則を、今ここで、あなたの頭に叩き込んでほしい。この簡単なフレーズは、あなたの人生を変える基礎となる。

「夢の実現、思った通りの人生……すべては思考から始まる」

あなたの考えは決して目には見えない。しかし、物質世界のすべてが、思考から生み出されたのだ。自分の思考が現実化することを理解すれば、「何を考えるか」がいかに重要か、あなたも理解できるだろう。

成功しているように見える人や、幸せであるように見える人、力を存分に発揮しているように感じられる人は、自分の望みを引き寄せる考え方をしているのだ。

〝いいこと〟が次々起こる人の行動パターン

ここで、人生にたくさんの「いいこと」が集まってくる人のパターンについて見ていくことにしよう。

1 「自分の望み」を率直に表現する

成功している人は、「自分が人生に求めること」をためらうことなく率直に話す。

たとえば、こんな感じである。

「給料がアップしてほしいよ」

「余分な体重を減らしたいと心から思っているんだけど」

「子どもたちともっとうまくやっていきたいと本当に思っている」

これが第一段階で、私はこれを**「願望の段階」**と呼んでいる。これはいわば、自分の欲求を表現する段階である。

「求めなさい。そうすれば、与えられる」という聖書の言葉は嘘ではない。

私自身が何かを求める時は、気を散らすものがまったくない静かな場所に行き、無限の力との一体感を思い出すようにしている。そして、**声に出して自分のほしいものを求めたほうが効果がある。**

私の経験では、求めるたびに、まるで神の意志と思えるような偶然の出来事が起こる。

たとえば、執筆で行き詰まって答えを求めると、電話がかかってきて、ヒントになるようなアドバイスをもらえたり、ある書物のページを開くと、混乱してさっきまで気づかなかった答えがそこにあったりするのだ。パズルの欠けていたピースが見つかるように……。

2　みじんも疑わない「強い意志」を持つ

次の段階では、自分が心から望む通りの世界を手にすることを決意し、その決意に対して、全面的に責任を持ち始める。

そして、**どんな問題が起きようと、自分で解決できることをみじんも疑わないので、持てるエネルギーが加速し始める。**

「絶対に減量するわ」

「成功した人生を送るつもりだ」

彼らは、「どうせダメかもしれない」といったような後ろ向きな言葉は一切口にしないことが多い。

「私はみじんも疑いを抱かない」と強い「意志」を持つことだ。

意志があれば、夢は必ず現実になる。

3 〝燃えるような情熱〟に導かれて生きる

成功する人は、意志を固めると、心の情熱を奪おうとする力に影響されなくなる。それどころか、そうしたマイナスの力を利用して、情熱をさらにかきたてるのだ。あなたが身につけることができる**最強の力とは、心に決めた目標を達成したいという燃えるような思い**だろう。

誰もが、「問題を解決して充実した幸せな日々を送りたい」という願望を持っている。だが、燃えるような思いはこれとはまったく違う。最悪のことが起きても揺らぎもしない、心の中で燃えるろうそくの炎のようなものだ。人から何を言われようとも、決して消えることがない願望、心の中で燃え続ける願望のことである。

私自身、燃えるような思いを抱いてこれまでの人生を生きてきた。

一九七六年に処女作『「自分の価値」を高める力』（三笠書房刊、渡部昇一訳）を発表した時、私は自分の考えを世界に伝えたい、という燃えるような願望を抱き、アメリカ全土のテレビ局やラジオ局に足を運び、毎日十四、五のインタビューを受けた。旅費はすべて自腹だ。

ベストセラーになってほしかったわけでも、一財産築きたかったわけでもない。ただ、聞いてくれそうな人に自分が固く信じていることを伝えたい、という燃えるような願望を消すことができなかったのだ。当時の固い意志と熱い思いは、今も消えていない。そして、どうすればこの思いを弱めることができるのかすらわからない。

〝エネルギーの浪費〟を防ぐ四つの方法

では次に、あなたが求めていないこと、間違っていると思っていることにエネルギーを注ぐのをやめる方法に焦点をあてていく。

驚くことに、たいていの人が、自分が求めていないことや間違っていると思っていることに、多大なエネルギーを注ぎ続けている。なぜこのようなことが起こるのだろう？

「人生はあなたの考えた通りになる」というフレーズを思い出してほしい。

何度も言うように、すべての行動の原点は思考である。思考がマイナスに働くから、エネルギーを注ぐ対象を間違ってしまうのだ。

そこで、「間違っている」と思うことにエネルギーを注ぐパターンをこれから四つ挙げる。この四つに自分が陥っていないか、早速チェックしてほしい。

1　自分が〝実現するつもり〟のことに頭と精力を使う

私から百万ドルもらい、その金で何でもほしいものを買いなさい、と言われたと想像してほしい。

あなたは現金を受け取り、ほしいものを買うためにショッピングセンターに出かける。そして最初に入った店で、これまでほしいとも思っていなかった悪趣味な家具を見つけて十万ドルを使う。二番目に入った店では、法外な価格の、趣味に合わない宝石が並んでいる。それでも、あなたはまた十万ドルを払って、その宝石を買う……。

あなたは、毎日こんな調子で自分のエネルギーを散財し続けていないだろうか。

自分が本当に求めるものを得られる金があるのに、求めていないものを有り金をはたいて購入する。そして、家に帰って注文の品が全部届くと、自問する。

「なぜ、ほしくないものばかりなんだ？」

　答えはこうだ。

「正気を失っていたからだ！　ほしいものを買う金があったのに、ほしくないものを買って金を全部使い果たしてしまったのだ」

　単に頭がおかしくなっていただけだ。

　このイメージを心に留めて、**「あなたが考えること」は人生でほしいものを手にするための通貨**だと考えよう。あなたは自分の頭の中を悪趣味な家具や趣味に合わない宝石でいっぱいにしていないだろうか。

　自分が求めていないことに頭を使うのはどうしてなのか？

「私は運が悪いから、絶対にうまくいかないだろう」「風邪が日に日に悪化している」「私が手を出すことはいつもうまくいかないんだ」「この取引の話はたぶんダメになるだろう」「映画館に着くころには、いい席は残っていないだろう」「こんな食事をしたら、十キロほど体重が増えそうだ」「禁煙は難しい」「たぶん雨で、出かけられないだろう」——。

この調子で千ページでも続けられる。言いたいことは、あなたにもわかってきただろう。**人は思考というエネルギーに従って行動する。**マイナスの考えで頭をいっぱいにしていれば、どれほど人生に起きてほしくないと思っていようと、求めていないことが現実になる。

❖〝願いがかなったところ〟をイメージする！

あなたが「つい悪いことを考えてしまう」という習慣を改めるためには、次のようにするといい。

マイナスの考えが頭をかすめたら、**「考えた通りのことが人生に起きる」**と自分に言い聞かせる。そして、すぐに自分にブレーキをかけて、**「私は何を望んでいるのか？」**と自分の心に問いかけよう。

たとえば、関節炎が悪化しそうだと考えるかわりに「関節炎は完全に治って一生再発しない」と考えるのだ。そうすれば、ゆっくりと、だが確実に、治っていくのである。

同じように車を駐車する場合、「たぶん駐車場は空いていないだろう」と考えるのではなく、「駐車する場所を今探している」と考えるのだ。すると空いていない駐車スペースに気をとられることなく、空いている駐車スペースに導かれていくはずだ。

まずは、自分が求めていないことを口にするのをやめる。次に、**口にしそうになったら、自制して、どんな考えが原因でそんなことを口にしそうになったのかを探る。そして最後に、どうすれば実現できるかわからなくても、実現しているところをイメージし、それがかなうと信じる。**

この三つを自分に言い聞かせることが、自分の望みを手にする秘訣だ。

❖こうして私は天を味方につけた！

私の例を紹介しよう。

最近の話だが、私はプエルトリコでの講演を終え、朝の二時三分にシカゴのホテルの部屋に着いた。ひどく空腹だったので、ルームサービスでサンドイッチとジュースを頼もうと受話器をとった。

だが、ルームサービスは二時で終了し、再開するのは五時なので、三時間の間は何も注文できないと言われた。

私は電話の相手の女性に、まだ二時を三分過ぎたばかりだから、サンドイッチだけでも届けてもらえないかと頼み込んだ。女性の返事は変わらなかった。二時と言えば二時であり、二時三分ではない、と言うのだ。

私は最初、腹を立てた。

「いったい、どうしてそんな対応ができるんだ？　私は客で、金を払っているんだ。一日中、何も食べていないのに、これではひどすぎる」

支配人を探して失望を伝えようと、私は部屋を出た。ドアを閉めたところで、前日、プエルトリコで千人の参加者を前にこう話したばかりなのを思い出した。

「自分が求めていないことに頭と精力を使ってはいけない」

私がしていることは、まさにそれだった。なんと愚かなことをしているのか。こんなに腹を立てて。何より、食べるものがないなんて。私はすぐに、自分が求めて実現しようと思っていることに頭をフルに使おうと決めた。

私が求めているのはサンドイッチだけだ。私はサンドイッチを食べているところを思い浮かべて怒りを静め、「侮辱され、ひどい扱いを受けた」という考えを捨てた。

そして、「サンドイッチを食べてやる」と心に誓い、意志を固めた。

決意もあらたに、エレベーターを降りると、ロビーの向こうでウェイターが軽食を下げているのが目に入った。私は静かにロビーを横切り、ウェイターに話しかけた。自分では気づかずに、私はプエルトリコでの講演会のプログラムを握りしめていた。ウェイターは、明らかなスペイン語なまりで私に話しかけた。

「プエルトリコに行ってきたのですか。私はプエルトリコ出身なんですよ」

私は、前日、大勢の参加者の前で講演し、ホテルに戻ってきたばかりだと話した。しばらく会話を続けてから、心の中で意図していた本題に入った。

「サンドイッチをつくって、請求書を回してもらえないかな？」

彼は即答した。

「あなたは私の故郷で講演してくれた。あなたがこれまで食べたことがないような、最高のサンドイッチをおつくりしますよ」

数分後、ウェイターは、ナプキンで包んだ巨大なサンドイッチと新鮮なオレンジジュースを二杯、部屋に届けてくれた。オレンジジュースはおごりだと言ってきかなかった。

「プエルトリコから着いたばかりの人と話せて、とても嬉しかったものですから。故郷を思い出しました。どうぞ食事を楽しんでください」

自分が求めていないことにエネルギーを注ぐのをやめて、自分が実現しようと思っていることにエネルギーを注いだとたん、天が味方して、私の願いは実現したのだ。あなたも、たとえこの上なくつらい思いをしていても、このテクニックを使うよう勧める。


その他にも最近、こんなことがあった。兄が、知り合いの前立腺ガン患者の話をしてくれた。

「まるで伝染病みたいだよ。同じ通りで三人、職場で二人、それもみな、この一週間ほどの間にだ」

私はすぐに反応した。

「前立腺ガンについて考えるのはやめておくよ」

また最近、慢性関節リウマチの治療のために人工股関節をつける手術を受けた友人から、「君はジョギングをしているから、同じ手術を受ける可能性が大だ」と言われた。この時にも、「そんな手術を受けることはないさ。慢性関節リウマチにはならないからね」と、すぐに切り返した。

このように自分が求めていないことにエネルギーを注ぐのをやめ、**自分が実現するつもりのことにエネルギーを注ぐ**ことが大切だ。

自分が求めていないことに頭を使うのは、それをおびき寄せているようなものなのだから！

2 あなたに〝必要なもの〟はすべて与えられている！

現状に対する不満を四六時中、口にしている人は多い。

金がない、貧乏はたくさんだ、こんな給料の低い仕事はごめんだ……。

大嫌いな境遇のことが頭に浮かぶたびに、望ましい自分の姿を考えてみよう。そして、自分が実現するつもりのことを頭にイメージし、スピリチュアルなエネルギーを使ってみるのだ。

自分が求めるものを頭にイメージし続ければ、必ずその思考に従って行動できるはずだ。

断言しよう。

本当の豊かさとは、必要なものはすべて与えられると確信することである。

不満な現状を嘆き「なぜ自分はこんな境遇にあるのか」と自問自答していても、不満な現状は一向に改善されない。

私は、ジョージ・バーナード・ショーの次の言葉が大好きだ。

「なぜ現状はこうなのかと理由を問う人がいる。私は、なぜ今までとは違うことを夢見て、今までその夢を追いかけなかったのかと問う」

これは、人生のすべてにあてはまる。

❍太っているのが嫌だと思っていると、痩せられない

- 貧乏は嫌だと思っていると、金持ちになれない
- 病気は嫌だと思っていると、健康になれない

あなたが一日中考えていることが現実になるのだから、現状を変えたいのであれば、考え方を変えなければならない。

たとえば、太っているのが嫌だと思っていると、その考えに従った行動をとり、ますます太る。逆に、理想のプロポーションについて考え、できるだけ多くの部位の理想のサイズを具体的に決め、自分自身を愛して無限の力に導かれていけば、理想の体重への道を歩むだろう。

❖〝最高の自然治癒力〟を手にする法

心や体をテーマにした本は数々あるが、私にとって特に役立つのは、親友であり仕事仲間である、ディーパック・チョプラ医学博士がいつも私に言う言葉だ。

「幸せな考えは幸せの分子をつくる。健全な考えは健全な分子をつくる」

逆もしかりで、「不健全な考えは不健全な分子をつくる」と付け加えたい。

ジャーナリストで作家のノーマン・カズンズはこう言っている。

「人間の体が持つ最高の力は自然治癒力だが、この力は信念と無関係ではない。(中略)すべては信念から始まる」

体も同じ原則に従う。病気になると自分が信じるから病気になるのだ。健康は、手に入れるものではなく、「すでに手にしている」ものなのだ。

❖〝人間関係のいざこざ〟は一瞬で解決できる!

人間関係に多少でも不満を抱いているなら、きっと、自分の嫌いな性格にエネルギーを注ぎ続けて、問題を悪化させているのだ。

たとえば、親や夫(妻)とうまくいっていないなら、それは、自分が嫌いな側面から関係を見ているからである。「妻とは一緒に暮らせない。いつも口論になる。私を大事にしてくれない」といった具合だ。

自分が求めていないことを考え、その考えに従って行動し続ければ、結果的に、ますます居心地の悪い不満な関係になる。

相手の欠点や気に入らない点について考えていると、心の中でその人との関係が悪化する。相手の嫌いな部分にエネルギーを注ぐのをやめれば、たちまち人間関係の問題は解消する。

ここで私があなたに求めているのは、最も高尚なイメージを持つことである。

同じことを、ジェームズ・アレンは実に簡潔に言い表わしている。

「自分が成し遂げた中で最高のことは、夢を見ることだった。カシの木はドングリの中で眠る。鳥は卵の中で待つ。魂が描く最高のイメージの中で、目覚めの天使が動き出す。夢は現実になる苗木《なえぎ》である」

魂の最高のイメージを求めよう。そうすれば、自分が求めていない、あるいは悪いと思っている境遇に、二度とエネルギーを注がなくなる。

3「違う結果」を期待するなら〝いつものやり方〟を変えよ

「でも、私たちはいつもそうしているんだ」とか「つい、やってしまうんだ。そうするように教えられてきたから」といったセリフを、これまで何度聞いたことか。

大事なことなのでもう一度言っておく。

「人生はあなたの考えた通りになる」のだ。

私たちが直面する問題の多くは、「いつものやり方」にこだわることが原因だ。夢や願い、願望を実現するためのエネルギーの注ぎ方を知らないのだ。

いつものやり方で行ないながら、違う結果を期待するのはナンセンスだ。

ある考え方が原因で幾度となく失敗し、その結果、問題を抱えることになったと仮定しよう。その問題とは、健康かもしれないし、金銭的なことかもしれない。

しかし、いずれにしろ「私はいつもこうなんだ」という言葉は、自分の怠惰を正当化しているだけだ。

求めていない問題をつくり出してしまう原因は、煎じ詰めれば、二つしかない。私はこの二つを、**「最大の幻」**と**「過去へのとらわれ」**と呼んでいる。

❖〝前例・過去の習慣〟は「ボートの航跡」のようなもの

私たちは、日常生活の中で多くの幻を見る。その最たるものが、**「ずっと続けてきたことにエネルギーを注がなくてはならない」**という幻だ。

他の著書の中で、私は高速で動いているボートの航跡の話をしている。航跡とは、ボートの背後にできた波の跡にすぎない。物理学者でなくても、航跡がボートを動かしているわけではないことは理解できるだろう。

人生の航跡（過去の習慣や前例など）もまったく同じだ。後に残った跡にすぎない。忌まわしい過去（航跡）に目を向け、それにエネルギーを注ぎ、その考えに基づいた行動をとれば、ますます過去を引きずる。

航跡はボートを動かせない。人生の航跡が今のあなたを動かすわけではない。過去にエネルギーを注いでも、問題が起きるだけだ。

過去の習慣や前例を私が「最大の幻」と呼ぶのはこうした理由からだ。

❖「過去に縛られていた自分」を解き放とう！

不要な問題をつくり続ける第二の原因は、過去の劇的な出来事にとらわれて、そのことを思い出すのにエネルギーを使うのが大好きなことだ。

最近、ある本屋でサイン会を行なっていたら、一人の女性が近づいてきた。女性の名前はエリカで、オランダからやってきたという話だった。二年前、エリカは、アムステルダムでの私の講演会に参加した。その時の私の言葉が、問題にぶつかった時に大きな支えになったらしい。

私がアムステルダムを訪れてから約一年後に、彼女にとって人生最大の予期せぬ出来事が起きた。夫から、「もう君を愛していない。離婚して、五歳年上の秘書と再婚する」と言われたのだ。彼はエリカと子どもたちを残して、家を出ていった。ショックに打ちのめされ、その後の一年間は地獄だった、とエリカは語った。セラピーに通い、抗うつ剤を服用し始め、食べることも眠ることもできず、十キロ以上痩せて、俗に言う機能障害になった。

絶望のどん底にあった彼女は、二年前に私の講演会で感じた前向きのスピリチュアルなエネルギーを求めていた。そして、滅入った気分と元夫への怒りから解放されることを願って、私に会いにやってきたというのだ。

本屋で偶然にもサイン会を開いているところに出くわして、彼女は興奮しきっていた。なんと言っても、私の居場所を突きとめられるというあてもないまま、アメリカに来ていたのだから。

彼女は私に抱きつきながら、すすり泣き、心の安らぎと調和のとれた人生を取り戻せるよう、何かアドバイスしてほしいと懇願した。

私は、完全無欠な最高レベルに達するために必要なことについて、ドン・ファンが弟子のカルロス・カスタネダに言った言葉を紙にメモするように、と言った。

エリカはわななきながら、次の言葉を書き留めた。

「ある日、私はようやく、自分がもはや過去を必要とせず、禁酒するように過去を絶ったことに気づいた。それだけのことですべてが変わった」

過去を絶とう。今、あなたが「問題」を抱えているとすれば、それは、過去にとらわれ、問題があるのを過去のせいにしているためか、過去を絶つのを拒んでいるためであることが多い。**過去の出来事はすべて、今のあなたをつくるために起こるべくして起きた**ということを悟ろう。

過去にとらわれると、人生は地獄になる。「過去を持たなければ、過去に縛られて生きる必要がなくなる」と自分に何度も言い聞かせよう。

4 〝他人の意見〟に目くじらを立てるのをやめる

相手に期待する考えや感情、行動を口にしてはばからない人間が大勢いる。そして、そうした人に心を乱され、怒りの感情を持つ人もまた、たくさん存在する。

もちろん、他人に指示されることに腹が立つという「問題」は、怒りや敵意、恨みといった低いレベルから、愛や思いやり、許しといった高いレベルにエネルギーを高めれば解決する。

たとえば、口うるさい母親に悩まされている少年が、「正しい自分」でいることにこだわれば、言い争いになり、不満が残るだろう。

しかし、優しい自分でいるだけなら「怒るかわりに愛情を持って接しよう」と自分に言い聞かせることができる。いつものお小言が始まっても、「その通りだよ、母さん。僕もそう思っているんだ」といった思いやりのある言葉を返すだけでいい。

「正しい自分」でいることにこだわれば、低いレベルの世界にあなたのエネルギーを投資し続けることになる。逆に「優しい自分」でいようとすれば、問題という幻はすぐさま消え去るはずだ。

❖「自分の人生を個人的に受けとめる」のはやめる

私は非常に啓発された精神を持つ師に、

「自分の人生をそんなふうに個人的に受けとめるのはやめなさい」

と言われた時のことを思い出す。

私はショックを受け、

「それはどういう意味ですか？　私の人生なんですから、きわめて個人的なものでしょう」

と応じた。

すると師は、私たちは肉体や人格といった物質世界の所有物ではないという考えをほのめかした。

私たちは、父親や夫、責任者、経営者、オーナーの姿に変装した永遠の魂だ。そのことに気づけば、人生を含めて、すべてを自分のものとは考えなくなる。

私の師のアドバイスを受け入れる心の準備が、あなたにはできていないかもしれないが（私も心の準備ができるまでに時間がかかった！）、他人の意見を自分に向けられたものと受けとめるのをやめるよう勧めたい。ただし、思いやりや理解、愛というエネルギーを注ぐなら話は別だ。

愛や思いやりの気持ちを発散して怒りや敵意、恨みという問題に立ち向かえば、こうした問題は解消する。それはなぜか？　そもそも幻にすぎないからだ。問題は自分の心の中にしか存在していないからだ。

あなた自身が他人の人生にあれこれと指示するのをやめるのは、同じくらい大事なことだ。

以上であなたのエネルギーの浪費を防ぐ四つのステップを学んだ。エネルギーをレベルアップし、自分が本当に求めていることに集中してほしい。

心から「求めている」ものを得るのも、本当は「求めていない」ものを得るのも、自分の選択しだいであることを忘れずに。

3章

誰もが〝奇跡を起こす力〟を秘めている

——「宇宙」とつながる一番いい方法

本書を執筆する準備をしていた時に、私は幸いにも、数千年前に実在したとされる聖人、パタンジャリの教えに触れるようになった。

ヨガの大典『ラジャヨガ教典』を書いたパタンジャリは、古今を問わず最も偉大な心理学者と言われている。

どの文献を調べても、パタンジャリがどういう人物か、実際は複数の人物なのか、正確なところはわからず、いつの時代の人物なのかも不明だった。シェークスピアやイエス・キリストなどと同じように、その生涯について不明なことが多いにもかかわらず、パタンジャリの思想や教えは今なお影響力を持ち続けている。

パタンジャリは、「誰もが奇跡を起こす力を秘めている」と説いている。人は生まれた時から超越的な存在であり、「物質世界の限界を超えることを恐れるな」と助言している。

これから、パタンジャリが二千年ほど前に書き残した、宇宙エネルギーと一体化するための五つの格言を紹介する。あなたがスピリチュアルな力に目覚めるのに役立つはずだ。

「外見・うわべ」だけで〝わかったつもり〟にならない

パタンジャリは、

「無知とは、人の本質を基本的な点で誤解していることだ」

と述べている。

私たちは名前や肩書き、体型、所有物、業績、名声で人を判断してしまうが、パタンジャリ流に言えば、これは「無知」にほかならない。

無知のせいで、私たちは本質を見誤り、その結果、物事のうわべだけを見て思い悩むことになってしまうのだ。

しかし、あなたがこの無知から抜け出すのに、もう一度学校に行く必要はない。無知とは「知識の欠如」を意味するのではない。読み書きができない、あるいは、二次方程式が解けない、国の首都を覚えていない者は無知だ、と言っているのではない。「外面的な要素で人をわかったつもりになっている」ことが無知であるとパタンジャリは言っているのだ。

私たちは肉体の中に存在する「魂」だ。魂を兼ね備えた「肉体」だと信じているなら、それは思い違いで、無知というものだ。そして無知な状態では、私たちの人生は〝疑問だらけ〟になってしまうのだ。

〝穏やかな心〟には問題が生まれようがない

二つ目のパタンジャリの格言は、

「心安らかでない時、神はあなたの中に神を表現できない」

である。

この言葉について考え、神（無限の力）とは愛であることを私は深く認識した。そして、その時、自分の心が平静であることに気づいた。

無限の力の恩恵を受けるためには、愛に満ちた「穏やかな心」でないといけない。

これはあなたにも納得できることではないだろうか。

自分の心が平静でなく、愛の気持ちも抱いていない時、人生が好転することはあり得ないし、幸運が寄ってくるわけもない。

だが、どうすれば、こうした穏やかな気持ちになれるのだろうか。

私たちが穏やかな心を失って、自分に無限の力があるのを忘れるのは、生い立ちのせいであることが多い。

「どうせそんなことは無理に決まっている」といった言葉をいつも聞かされて育った人は、どうしても自分を小さな枠にはめてしまっている。

「自分の思った通りに事が運ばないと不安を抱く」という心の思いグセを持っている人は多い。

しかし、思い出してほしい。

問題とは「心の中」で生まれる幻にすぎないことを。

生い立ちや〝思考のクセ〟のせいで、自分の力には限界があると思い違いをしているのだ。

❖“沈黙の家”で体感できる神秘のコミュニケーション

インドで育ち、現在はニューヨークに住んでいる私の友人、ゲイリーに聞いた話を紹介しよう。

毎年、六月の学年末になるとゲイリーは父親に送り出され、他の大勢の少年と共にアーシュラム（ヒンドゥー教の僧院）で導師と一緒に生活した。精神性を高めるために、毎年二カ月間、アーシュラムでの生活にどっぷり浸るのだ。アーシュラムには二つの大きな小屋があり、初日に、次のような指示が少年全員に与えられた。

「最初の四週間は一言も口をきいてはならない。どんな時も話してはダメだ。一度でも沈黙を破ったら、この沈黙の小屋を出て第二の小屋で暮らし、夏中、自分の心に話しかけることになるかもしれない」

罰を与えると脅されることはなかった。沈黙を破っても、沈黙の小屋から去るだけだった。

ゲイリーの話では、一年目は四日間ほどしか沈黙を守れなかったらしい。彼は第二の小屋に行くことになった。二年目は十日間ほど持ちこたえ、三年目は二週間を無言で過ごした後、沈黙を破った。

十五歳の誕生日を迎えるころ、アーシュラムに行くことがわかっていた彼は、今年こそは何があろうと四週間沈黙を守ろうと心に誓った。一度も沈黙を破らないように、実際に口にテープを貼ったりもした。

毎年、沈黙の一カ月が終わるころになると、第一の小屋には二、三人の少年しか残っていなかったらしい。はたして、何年も奮闘した後、ようやくゲイリーは一カ月間、沈黙を守ることに成功した。

最後の日、導師が第一の小屋に来て、一カ月の間、完全に沈黙を守り続けたゲイリーら三人の少年と共に、食卓を前にして腰を下ろした。そして、ゲイリーがそれまで体験したことのないような驚くべき意思の疎通を四人は交わしたらしい。

彼らは互いに語り、笑い、泣き、質問した。数時間にわたって、ゲイリーがそれまで体験したことのないような中身の濃い対話をした。

しかし、四人全員が深い感情レベルで熱く親密な意思の疎通を行なっている間中、物音は一つも立たず、言葉は一言も交わされなかった。

言葉や音もなしにこうしたコミュニケーションをとることができるというのは、信じがたい話かもしれない。けれども、私はゲイリーが正直で、高潔な人間であることを知っている。

本当に啓発された心を持てば、極端な話、言葉に頼らなくても無限のコミュニケーションがとれると私は確信している。

つまり、パタンジャリの言葉にあるように、

「心が平静である時だけ完全なヨーガ（神との一体化）の境地に達する」

のだ。

私たち一人ひとりが、心を穏やかにする方法を見つけなければならない。私が実行している一つの方法は、壁に貼ってあるポスターを毎日眺めるというものだ。ポスターには、晴れわたった青空と美しい山の写真の下に、パラマハンサ・ヨガナンダの言葉が書かれている。

「平静な心は、あなたの中にある無限の力の不死の息吹である」

そして私は、毎日、この言葉について考えているのだ。

〝罪悪感〟に浸るよりも大切なこと

三つ目の格言は、罪の意識についてのものである。

「私たちが罪と呼ぶものの実体とは、『間違った方向に向けられたエネルギー』である。宇宙、そしてあなたの人生を司る法則についての知識さえあれば、このエネルギーは正しい方向へと導かれ、無限の力と結びつくために使われていたかもしれない」

パタンジャリはこのように述べている。

「罪」という言葉には、実際、「外れた」という意味もあるという説もある。この解釈でいくと、宗教的な意味で「罪深い」とされている行動は、神（無限の力）から外れた（離れた）振る舞いということになる。

パタンジャリによれば、罪深い行ないをした時には、罪悪感に浸ったり償いのために精力を使い果たしたりするのではなく、エネルギーを正しい方向に使って、今ぶつかっている障害を乗り越えようということになる。

私はインド建国の父、マハトマ・ガンジーの力強い言葉が気に入っている。

「私の欠点や失敗は、成功や才能と同じく神の恵みであり、私は両方を神の足下に捧げる」

失敗に恥じ入り、「自分は罪を犯した。許されるべきではない」と考えてばかりいるのは、解決法を見つける最良の方法ではない！

かわりに、自分にこう言い聞かせよう。

「私は無限の力と一体化するのを妨げる行ないをしただけだ」

マハトマ・ガンジーは、「心の闇にも価値がある」と説いた。「心の闇」は厄介なものではなく神の恵みであり、そのために罰せられるべきではないのである。

これは大いに救いになる考え方だ。

「私は罪を犯した。だから、神（無限の力）が罪を許してくれないかぎり、私には希望がない」

と考えるのではなく、

「私は、自分がつくり出した障害が原因で、まだ悟りを開けないでいる」

と自分に言い聞かせよう。

〝絶対に嘘をつかない人〟は運命さえコントロールできる

パタンジャリの格言の四つ目は、

「絶対に嘘をつかない人は、病人に『あなたは元気だ』と言うだけで、奇跡的に病気を治すことができる」

という意味の言葉である。

同じように、絶対に嘘をつかない人が「幸運を祈る」と言えば、その言われた人は運をつかむことができるというのだ。

真実に忠実に正直に生きていると、実際のところ真実をコントロールできるようになる。

この真理に目覚めれば、もういたずらにストレスを感じたり、トラブルを抱えていると悩んだりすることはなくなるだろう。そして、すぐにも善行の報い（つまり、問題の解決）が自然と得られるようになるだろう。

嘘をつかなくなればなるほど、心は穏やかになり、まわりの人たちからも信頼される。そして、他人がこう言うのを耳にすることが増えるはずだ。

「彼女といると、気分がよくなる」

「彼が現われると、気分が落ち着く」

「彼と話していると、不安や苦しみが消えるのが本当にわかるんだ」

絶対に嘘をつかないようにすれば、特別な勉強をしなくても、人を癒せるようになる。神学の学位がなくても、人に恵みを与えられるようになる。正しいことをしようと奮闘しなくても、善行の報いを受けられるようになるのだ。


魂と肉体は非常によく似ている。誰もが肉体を持っている。健康そのものの人もいれば、不健康な人もいる。

同じことが魂にもあてはまる。人はみな、スピリチュアルな存在で、みな、魂がある。精神のレベルが高く、人に元気や愛を与え、穏やかで親切で、最高に澄んだレベルの魂の持ち主もいれば、そうでない人もいる。

もちろん、この本に書かれている教えを実践すれば、あなたもいくらでも魂を磨き高めることができる。そして魂を究極にまで高めれば、自分が発する「オーラ」を他の者が浴びたがるようになる。

◆なぜルターは宗教改革を始めることになったのか

このことに関して、私は何百万人もの人々の人生に影響を与えたマルチン・ルターの話を思い出す。

ルターは決して宗教改革を始めたかったわけではない。彼はただ、カトリック教会への質問状である「九十五カ条の論題」に答えてほしかっただけだ。

ローマ教皇のレオ十世は大変な浪費家で、金の装飾を施した大聖堂を建て、聖堂を飾る数多くの美術品をつくらせるのに金を必要としていた。

そこで、彼は教会への寄付金集めのために免罪符を販売することにした。免罪符には、金と引き替えに罪を許すという教皇の言葉が書かれており、人々は、この免罪符を買えば天国に行けると信じた。また多くの人が、拷問のような宗教裁判で罪を告白させられ、火あぶりの刑になった。

ルターは、教会が腐敗する以前の福音を復活させたいと考えた。彼は、良心の声である質問への答えを求めた。しかし、彼は破門され、腐敗したカトリック教会から姿をくらまさざるを得なくなった。

改宗するよう求められた時、彼はこう言った。

「私は良心と神の御言葉に縛られています。だから、私は改宗できないし、その気もありません。良心に逆らって行動するのは、危険だし、ためになりません。私はここに立っています。他のことは何もできません。誓って本当です」

他人にも、そして自分の心にも嘘をつかなかったルターは、こうして宗教改革を始め、カトリック教会の拷問や処刑、免罪符の販売といった慣習を廃止させた。

なにも一夜にしてルターになる必要はない。

だが、真実に忠実に正直に生きることで、あなたもスピリチュアルな自分に目覚めて、奇跡を起こす力を手にしてほしい。

赤ん坊も最初の一歩を踏み出す。あなたも行き詰まった時は、自分は何よりもまず無限の力を持つスピリチュアルな存在であり、生命の源、宇宙エネルギーと不可分の存在であることを思い出して前進してほしい。

「たしかに、あなたの言う通りだ！」は魔法の言葉

パタンジャリの五つ目の格言は、

「他人を傷つけない人のまわりには、敵意がなくなる」

である。

この「他人を傷つけない」という言葉には、実際に危害を加えるだけでなく、嫉妬や偏見などのあらゆる悪感情を抱かないことも含まれる。

悪感情を抱かず、誰に対しても穏やかな態度で接すれば、相手も敵意を抱けず、その場の雰囲気が和やかになる。

これは、あなたの人生にすぐに応用できる効果抜群の金言だ。怒りや、たとえ軽い不快感を持つだけで、相手はこちらの敵意を感じ取る。

しかし、こちらが最初に敵意を絶対に抱かなければ、相手も敵意を抱いたり悩んだりしない、とパタンジャリは説いている。

すばらしいではないか！　偏見などの悪感情を持たないようにすれば、周囲の人間

も苦悩から解放されるのだ。

私の経験では、以下の言葉を最初は心の中で、次に声に出して言うとかなり効果がある。

「たしかに、あなたの言う通りだ！」

皮肉ではない。恨みを抱かずに、ただ相手の意見を尊重するのだ。相手はただ、自分は正しいと思いたいだけなのだから。

相手が正しいことにするのではなく、相手に自分は正しいと信じさせるだけで、悪感情を抱かずにすむ。そのうちに、侮辱を受けても、悪感情を抱かずに対応するようになるだろう。

❖「侮辱の言葉」を決して受け取らなかったブッダ

ここでブッダにまつわるエピソードを紹介しよう。

ブッダは、自分の言うことにことごとく軽蔑的で無礼で辛辣《しんらつ》な態度をとる仲間と旅をすることがあった。三日間にわたって毎日、ブッダが口を開くたびに、旅人はバカ呼ばわりし、横柄な態度であざ笑った。三日目の終わりに、ついに旅人は我慢できなくなって、ブッダに尋ねた。

「この三日間、侮辱され、気に障るようなことを散々されてきたのに、どうしてそんなに慈愛に満ち、寛容でいられるのですか？　私が侮辱するたびに、あなたは慈愛に満ちた反応をします。どうしてそんなことができるのですか？」

ブッダは旅人に問い返した。

「誰かに贈り物を差し出されても、それを受け取らなかったら、贈り物は誰のものになるかな？」


誰かに侮辱という贈り物を差し出されても、それを受け取らなければ自分が侮辱されたことにはならない。

このブッダの例からも明らかなように、激情に踊らされない人の前では、「すべての生き物が敵意を抱くのをやめる」のである。

家畜の大半を殺した野生のオオカミを、アッシジの聖フランチェスコがただその場にいるだけで手なずけたエピソードを、あなたも聞いたことがあるだろう。また、ハトが彼の手に飛んできたり、あらゆる種類の野生動物が彼が発散する愛を感じ、敵意を抱かなくなったりしたという話もある。

私自身、幾度もこの法則を試してきた。

昔、エジプトでジョギング中、朝の四時半に犬の群れがこちらに走ってきて激しく吠え立てた。私は走るのをやめ、恐怖心や凶暴な考えを捨て、穏やかで無害な人間になった。すると、犬は私に襲いかかるのをあきらめた。


悪感情や悪意を抱かないという姿勢で毎日を生きれば、「問題」はもう存在しなくなる。

今この瞬間にあなたが幸せに満ちあふれていないのは、間違ったこと、あるいはもう存在しないことにエネルギーを注いでいるからだ。愛や感謝、許しで心を満たし始めよう。

トラブルを抱えている時には、「問題」に関係するすべての人への態度や対応を変えることが大切だ。

アルバート・アインシュタインの次の言葉は、その理由を知るヒントになる。

「私たちが直面する重要な問題は、こうした問題を生み出した思考と同じレベルでは

解決できない」

問題は物質世界の幻だ。すべての問題はスピリチュアルな力を応用することで解決できる。だが、そのためには、心を入れ替える必要がある。

そして、その方法を教えてくれるパタンジャリの五つの格言を、ぜひマスターしてほしい。この格言を体得していけば、あなたはトラブルのかわりに無限の力の恵みや安らぎを見いだすようになるだろう。

4章

「体、環境、心」を浄化すると一気に開運できる!

——自分の〝エネルギー〟をクリアに保つコツ

この章では、自分を取り巻くエネルギー空間を、きれいなままに保つ方法について触れていこう。

体、環境、心から〝がらくた〟を一掃しよう！

さて、エネルギー空間には三種類ある。

その一つ目は「体を囲むエネルギー空間」である。

立った姿勢で腕を前に伸ばして、体から一番離れた指先の位置に注目してほしい。今度は、腕をまっすぐ頭上に伸ばしてから、同様に後ろと下方に手を伸ばしているところを想像しよう。

これで、「体を囲むエネルギー空間」のイメージをつかめたはずだ。

他人、特に見知らぬ人が境界線を越えて話しかけてくると、侵害されたかのような気分になる。そして、安全な距離をとるために本能的に後ろに下がるだろう。

それは、自分のエネルギー空間に侵入されたのを感じて、警告のために不快感というシグナルが出るのだ。

また誰かが長時間、自分のエネルギー空間の中にとどまると、その人のエネルギーに影響を受け始める。調子が合わないと感じれば気が滅入るし、レベルの高い人と一緒にいれば元気づけられる。

第二のエネルギー空間は、**「環境のエネルギー空間」**だ。これは自宅や職場、住んでいる地域、家族、属する団体といったものだ。腕が届く範囲だけでなく、目で見え、耳で聞こえ、鼻で匂いを嗅げる範囲まで延びた空間である。

三つ目は、肉体や行動範囲といった**物理的条件を超越したエネルギー空間**である。このエネルギー空間は広大で、想像上の境界すらつくることができない。私はこれを**「心のエネルギー空間」**と呼んでいる。

他人の考えや感情が自分の心のエネルギー空間に侵入したら、結果は二つのうちのどちらかである。

つまり、ブッダやイエス・キリストが村に入った時に起きたのと同じように、エネルギーが高められるか、エネルギー空間が汚染されるかだ。

もちろん、騒音のレベルや大気の状態、食品の純度といったものも、みなエネルギー空間に影響を与える。

こうした理由から、「何を自分のエネルギー空間に入れるべきか」について自覚的になってほしい。そして自分のエネルギー空間全体を浄化し、きれいなまま保つ、新しいアプローチ法を実践してほしい。

それでは、以下に具体的な方法を見ていくことにしよう。

「体にいいこと」「いいもの」だけを取り入れる

あなたは自分の体をどのように扱っているだろうか？

体にどんな食べ物を補給し、それは何に変えられているか？　日頃、汚染されていない純粋な水を飲んでいるか？　安らかな休息を体にどれくらい与えているか？　栄養剤で体のバランスを保っているか？　定期的に運動しているか？　呼吸は乱れず、ゆったりとしているか？　感情は穏やかであるか？　瞑想して、無限の力と一体になっているか？

——要するに、**自分の体と「大の仲良し」**かどうか、ということだ。

あなたは自分の体を愛さなければならない。体は我が家のようなものであり、〃がらくた〃はすべて取り除いておかなければならない。

あなたの体はたえずあなたに奉仕している。あなたが眠っている間も、消化したり、死んだ細胞を取り除いたり、新鮮な酸素を運んだり、栄養物を血液に変えたりして、あなたのために働いている。すべて、あなたを生存させるためだ。

あなたの体はあなたの敵ではない。

体は魂と同じくらい神聖だ。

私たちの愛すべき我が家である、この驚くほど複雑で謎に包まれた道具、つまり**体を、あなたは「思考を通してコントロールしている」**。

❖顔いっぱいを覆っていたいぼが三日で消えた！

私の娘、サジェは、そうした体験をしている。

サジェは三年近く、顔に重度の皮膚障害を患っていた。治療をしても、外見を損ねているいぼは大きくなるばかりで、とうとうかわいい顔の大部分を覆いつくすまでになった。

ところが、マウイ島で皮膚科医をしている私の親友、ケニー・マロットの精神的な教えにサジェが耳を傾けると、このいぼは数日で自然に消えた。

彼女はケニーの指示に従って、いぼに話しかけたという。すると、三日目には本当にいぼが消えていたのだ！

サジェはいぼに何を話したのか、私たちには教えてくれない。

だが、彼女がかわいい小さな心の中でいぼにスピリチュアルな力を送り込み、自分のエネルギー空間を十分に高めて、いぼという幻を消し去ったことが私にはわかる。

「自分を信じれば、望むことは何でもできる」という、彼女が出した結論は、実に説得力がある。

〝つきあう相手〟は慎重に選ぶ

あなたは「誰とつきあうか」をいつも真剣に検討しなくてはいけない。

たとえば、自分にとって有害な人をエネルギー空間に入れると、幸せな気分が吹き飛ぶのがわかるはずだ。風邪をひいた人が自分の顔に向かってくしゃみをしたら自分にうつるのと同じで、有害な気分も伝染しやすい。

だからこそ、つきあう相手を慎重に選んで、エネルギーを汚染されないようにしなければならない。

私は何年も前に苦労してこの教訓を得た。

数年前の話だが、私はアルコールはやめようと思っていた。だが、私は当時、朝までどんちゃん騒ぎをするのが大好きな人たちとつきあっていた。自分の決意を忘れて、私はアルコールに溺れていた。

アルコールとはきっぱり手を切って自分のエネルギーを浄化しようと本気で思った時、私はこの破壊的な環境の影響から身を遠ざけた。電話番号を変え、その界隈から引っ越したのだ。こうすることで、私の体は汚染されなくなった。

自分の生活空間を汚染する者には、別れを告げなければならない。

誰かが来ると、不安や羞恥心、恐怖、怒り、罪悪感といった感情を抱いたり、愚痴や不満を言ったり、無関心になったり、ストレスを感じたりといったことが起きるのなら、相手は「一緒に不幸になろう」と誘っているのだ。

自分のエネルギー空間、生活空間を汚染しそうなあらゆる毒素から身を遠ざける決意を固めよう。侵入されていると感じたら、対抗策を練り、すぐに行動を起こそう。自分の息づかいに注意し、深呼吸するようにしよう。

それから、意識的に、愛と思いやりの気持ちを発散しよう。侵入してくるエネルギーと争わずに身を遠ざけるのだ。

体のエネルギー空間には、愛や安らぎ、高いレベルのスピリチュアル・エネルギーを備えた相手だけを入れるようにしよう。

スピリチュアルな世界に目覚めた人には選り抜きの小さな友人の輪があるのは、このためだ。彼らは、自分のプライバシーを大事にし、低いエネルギーの人々が持つ負のパワーから自分を守る。騒々しい人々や音、毒、有害な環境とは距離を置くのだ。

では、そろそろ、「環境のエネルギー空間」の浄化に話題を変えよう。

〝自分の環境〟をクリーンに保つ「大切な教訓」

この項を読み進むにあたり、マザー・テレサの次のアドバイスを心に焼きつけてほしい。

「結局のところ、神との間の問題であって、他人との間の問題ではない」

自分のエネルギー空間を汚染されないようにする時、私にはこの言葉がとても役に立つ。

実例を紹介しよう。

友人から、ティーンエイジャーの娘との穏やかならぬけんかを丸く収めようと努力している、と打ち明けられたことがある。友人の娘は夜遊びし、いかがわしい者たちとつきあい、ドラッグとアルコールをやっていた。友人の話では、そのせいで家族がぎくしゃくしているということだった。

しかし、ある時友人は、「これは、自分と神（無限の力）との間の問題だ」と気がついた。すると、娘との口論の最中、見るからに取り乱していた娘が、突然、怒りを爆発させるのをやめ、「抱きしめてくれる？」と言ってきた。

友人がすぐに腕を伸ばして娘を抱きしめると、それ以降の親子関係と彼女の振る舞いが、劇的に変わり始めた。

あなたは怒りをぶつけてくる相手や生意気な態度をとる相手に、愛で応じることができるだろうか？　自分を拒んでいる者を愛せるだろうか？

「環境のエネルギー空間」を汚染されないようにする時、このエピソードはとりわけ大切な教訓になるだろう。

「環境のエネルギー空間」には、家庭や近所、職場、娯楽施設、それに、歩いたり走ったり車で走ったりする場所まで、自分が毎日いるさまざまな場所がすべて含まれる。

いったい、どうすれば「環境のエネルギー空間」をクリーンに維持できるようになるのだろうか？

瞑想すると「穏やかなエネルギー」が発散される

精神世界に関する多くの著作があるディーパック・チョプラは、数千人の人々と集団瞑想した時の実験について、こんなことを語っている。

瞑想グループのメンバーはそれぞれ、セロトニンの値を測定されてから、長い瞑想に参加した。セロトニンは、脳の中にある神経伝達物質で、この値が高いほど心は穏やかになる。

数時間にわたって集団で熱心に瞑想した後、ふたたびセロトニン値を測定すると、ほとんどの参加者のセロトニン値が大幅に増えていた。

この実験では、瞑想グループのすぐ近くにいたものの、瞑想には参加していなかった人たちのセロトニン値も測定された。すると、穏やかなエネルギーを発散している大集団のすぐそばにいただけで、その人たちのセロトニン値も大幅に上昇していたことが測定の結果わかったのだ。

この科学調査の結果は、驚くべきことを意味している。

つまり、**心を静め、こうした穏やかさを静かに発散すれば、周囲のすべての人にいい影響を与えられる**ということだ。

エゴが消え、愛や思いやり、ゆだねること、安らぎ、一体感、許し、快活、感謝といった精神の本質が備わると、無限の力にますます近づける。こうした精神の特性を発散し始めれば、自分で気づく以上に周囲のエネルギー空間に影響を与えることができる。

それだけでなく、自分のエネルギー空間が汚染されなくなり、争いや問題が浮上するのを防げるようになる。

すべては、「あなたと他人との間の問題ではなく、神（無限の力）との間の問題である」ことを、頭に叩き込んでおいてほしい。

アッシジ、マチュピチュ、セドナは〝究極のエネルギー空間〟

この魅惑的な目に見えないエネルギーの世界は、科学的に証明できるようになってきている。目に見えないエネルギーの粒子は「フェロモン」と呼ばれ、実際、木でさえも、この目には見えないエネルギーを発散していることがわかっている。

たとえば、一本のニレの木がオランダニレ病（ニレ立ち枯れ病）にかかると、フェロモンを発散して、近くにある他の木すべてに警戒信号を送る。それから、本来備わっている防御作用を働かせて、侵入してきたオランダニレ病の細菌を撃退するのだ。

同様に、動物や人間にも、目に見えないエネルギーのフェロモンがあり、恐怖や愛を感じた瞬間にこうしたフェロモンが発散される。

十分な資料の裏付けがある複数の研究から、他の動物が殺された部屋に入った動物は、不安と恐怖から発作を起こすことがわかっている。

それと同じで、拷問が行なわれた部屋に入ると、人間も苦痛と冷たいエネルギーを感じる。

逆の場合もある。精神が目覚め、無条件の愛が育まれた場所には、過去に発散された慈悲や美、優しさのフェロモンが残っている。

「アッシジの聖フランチェスコ」で名高いイタリアのアッシジや、ペルーのマチュピチュなどは、私がこれまで訪れた中でも、最も強い愛のエネルギーに満たされた場所だった。

大ピラミッドやアリゾナ州にある聖地セドナ、バリ島の古代の聖堂を訪ねた時には、高尚なエネルギー空間にいると感じた。

ここで大事なのは、次から次へと例を挙げることではなく、**「大昔に発散されたエネルギーが、空間に入るすべての者に、その後も影響を与え続ける」**という事実に気づいてもらうことだ。

自分の家庭や社会環境、職場環境が、他人の負の力やエネルギーに多少なりとも毒されていると感じても、あなたには打つ手がある。

次に、そのために参考になる言葉を紹介しよう。

実践するほど「魂」がきれいになる「逆説の十カ条」

次の言葉は、マザー・テレサのものだと思っている人も多いが、実際には、一九六〇年代にハーバード大学の学生だったケント・M・キースによって書かれた「逆説の十カ条」をアレンジしたものだ。

人はしばしば理不尽で愚かで利己的になる。
それでも相手を許しなさい。

親切にすると、下心があると責められるかもしれない。
それでも親切にしなさい。

成功すると、うわべだけの友人や真の敵ができる。
それでも成功しなさい。

正直で率直な人間は、人に騙されるかもしれない。
それでも正直で率直な人間でいなさい。

何年もかけて築いたものを、誰かが一夜にして壊すかもしれない。
それでも築きなさい。

心が安らかで幸せだと、嫉妬されるかもしれない。
それでも幸せでいなさい。

今日よいことをしても、明日には忘れられることがよくある。
それでも、よいことをしなさい。

自分が持っている最高のものを世界に与えても、十分ではないかもしれない。
それでも、持っている最高のものを世界に与えなさい。

マザー・テレサが人生の指針としていた、この言葉の最後には、これらすべてに共通する本質を突いた言葉が添えられている。

「結局のところ、当たり前のことだが、神との間の問題であって、他人との間の問題ではない」

心の空間は存在する。あなたは自分の心を汚染されないようにするだけでなく、身近な人の魂を高める手助けをすることもできる。

しかしまずは、心のエネルギー空間が自分の思考や周囲の人の思考から構成されている、というこの考えを受け入れてほしい。

思いやりにあふれた生き生きとした考えをあなたが抱き、恐怖やストレス、邪悪、不安、憂鬱といった考えを拒むようになればなるほど、あなたは神の心（無限の力）に近づけるだろう。

5章

「魂」を成長させる心の習慣

——あなたはもっと豊かに幸せになれる

十九世紀前半の天才詩人、ゲーテは次のように述べている。

「人を見た目通りに扱うと、実際以上に買いかぶることになる。だが、理想通りの人間であるかのように敬意を持って接すれば、相手は理想的な人格になる」

ゲーテの格言を自分自身に置き換えてみれば、「魂の向上のさせ方」がひときわよくわかる。

まず、あなたはどんなふうに見えているだろう？　生い立ちや経歴、感覚によってさまざまな答えが考えられる。

今度は、外見にとらわれず、目の奥をのぞいて、「自分はスピリチュアルな存在だ」と確信してみよう。いかがだろうか。外見を超越したところには、壮大で無限の喜びにあふれた本当の姿があるはずだ。


自分の可能性に目覚めること、つまり魂を向上させることが、あなたの人生の「究極の目的」である。

あなたは、「成功するように」できている。そして、可能性にあふれた存在である。だから、他人の目に映る姿について思いわずらう必要はない。

以下に、今この時から魂を向上させる具体的な方法を紹介していこう。

朝、目覚めた瞬間に「無限の力」とコンタクトする

あなたのエネルギー・レベルを高めるためには、まず朝目覚めた時に、「自分には無限の力がある」と言い聞かせよう。

そして、食事のたびに、無限の力のおかげで食べ物が食卓に上ったのだと言い聞かせよう。電話をかけたり、車を運転したり、仕事に行ったりする時も、とにかく無限の力を意識するようにしよう。

無限の力の存在をいつも思い起こしていれば、心は安心感に包まれて平静になり、健康で、自分には何一つ欠けていないと感じられるだろう。それだけで、あなたはエネルギー・レベルを自在に上げることができるのだ。

ある種の不安や恐れを抱いていることに気づいたら、「無限の力は、今ここに存在

する」と思い出すこと。

これを「意識の訓練」と呼ぶ師もいる。自分の中にも外にも無限の力があることを思い出す時、あなたは自分を癒しているのだ。

ベートーベンが創造性をかきたてられた「言葉」とは？

ベートーベンは、古代エジプトの呪術に関するエッセイの一節を書き写して飾っていたそうだ。

「現在・過去・未来、すべての私が私である。いずれ死すべき運命の者は、誰も私のベールを上げていない。神は唯一無比の存在であり、万物が存在するのは唯一無比の神のおかげである」

偉大な作曲家であるベートーベンが、毎日、この言葉を見て、自分の創造性のルーツを自らに思い出させているところを思い浮かべてほしい。

あなたも、**「万物を存在させる神（無限の力）のおかげで自分は存在している」**とベートーベン流の考え方をすることができる。

そうすると、どんな問題に直面していようと、たちまち解決の糸口が見えてくる。

余命数カ月のガン患者はなぜ九年も生きたのか

ガンで「余命数カ月」と診断された女性から手紙をもらったことがある。

彼女は、夫や子どもを含め、誰にもこのことを知らせないでおこうと決めた。そして、ミネソタ州北部の森の中にあるバンガローを借りて、自分は死ぬと思うのをやめ、神の導きに身をゆだねて毎日を過ごした。

数カ月の間、彼女は毎日、心の中で無限の力と対話し、自分の体を冒しているガンのことは考えないようにした。自分は「一個の肉体にすぎない」という考え方を手放すと、強くなった気がした。家に戻っても、二度と病院には行かなかった。

末期ガンと診断されてから九年近く経った今も、彼女は生きている。

自分はいずれ死ぬといった恐れの感情を手放して、穏やかで愛と安らぎに満ちた無限の力を発揮したおかげでガンを治せたのだ、と彼女は直感的に感じている。

自分はいずれ死ぬと思うのをやめて、スピリチュアルな視点から命の本質について考えれば、どんな問題も心の世界で解決できるのだ。

〝最悪の敵〟は〝最高の師〟でもある

「敵」という言葉を使ったのは、よく考えた上でのことだ。詩人のヘンリー・W・ロングフェローは、「敵の秘められた歴史を読むことができれば、一人ひとりの悲しみと苦悩に気づき、敵意は消えていく」と書いている。

誰かに対して怒りや憎しみを抱けば、低いエネルギー・レベルから抜け出せず、問題続きの人生になること請け合いだ。こうした感情を抱くかわりに、寛容や思いやり、快活、愛のエネルギーを発散しよう。

純粋な気持ちでいれば、敵はいつしか友になる。場合によっては、師になることもある。

〝最悪の敵〟は〝最高の師〟になり得るのだ。怒りや復讐心といった感情を学ばせてから、こうした感情を乗り越えさせてくれるからだ。

私は今、敵と呼べる相手、憎んでいると言える相手は一人もいない、と心から言える。

これまでの人生で失望したことは何度もある。金を借りて返さない者もいれば、自分がした約束を忘れた者もいた。他の人のために私を捨てた者もいた。悪態をついて、私についてのよからぬ噂を流した者もいれば、盗みを働いた者もいた。

しかし、私はブッダの次の言葉を思い出して、こうした人たち全員に愛で報いた。

「私たちは、自分たちを憎む者を憎まずに、本当に幸せに暮らしている。私たちを憎む者たちに囲まれながら、憎しみを抱かずに生活している」

この言葉を実践することは、低いエネルギーの世界から抜け出し、魂を向上させる強力な方法だ。

「宇宙の法則」はいつもシンプル

宇宙の法則というのは、きわめてシンプルである。

愛と癒しに満ちた善良な考えを抱けば、愛と癒しに満ちた正しい結果が手に入る。

逆に、邪悪な考えを抱くと、邪悪な結果が待っている。

それでは、ともすれば邪悪な考えを抱いてしまうクセをどうすれば直せるのか？

まず「善」と「悪」という二つの対立する力があると考えるのをやめることだ。

無限の力に勝ち負けはない。存在する唯一の力なのだから、負けることも争うこともない。他の力を抑えているわけでもない。

善と悪の二つの力が存在すると考えるのをやめれば、あなたには闘う相手がいなくなり、無限の力を心から享受できるようになる。

そして、追い求めたり、手に入れたり、影響を及ぼしたり、強制したりできないこの唯一の力によって、問題が解消される。すでにこの力は自分に備わっているからだ。

「恐れ」を手放すと「新しい世界」が広がっていく

一般に、たいていの人は自分の「最高の可能性」を恐れ、輝かしい瞬間が実現するのを恐れる。その結果、恐怖に慣れ、自分の無限の力を発揮しなくなる。

「最高の可能性」とは、自分の無限の力を認識することである。

これまでのあなたは、生い立ちのせいで、自分にそうした特別の力があると考えるのは、けしからぬことだと信じてきた。無限の力を持つのは、あなたではなく〝選ばれた人〟だけだと教えられたのではないだろうか。

私たちには、愛と恐怖という二つの重要な感情がある。この二つの感情を同時に抱くことはできない。恐怖を抱けば愛がなくなるし、愛を抱けば恐怖が消える。

「最大の恐怖は、未知のものに対する恐怖である」という名言を聞いたことがあるはずだ。この言葉の通りだとすれば、どうすれば恐怖を克服できるだろうか？　そして私たちにとって未知のものとは何か？

それは、無限の力や精神、悟り、そして愛にほかならない。

私は、もうめったに恐怖を抱かなくなった。以前は、失敗することや他人に認められないこと、どんな結果が出るかわからないことを恐れていたが、今ではもう、そうした恐怖を抱かなくなった。

ある程度成功したからでも、物質的な富を得たからでもなく（私の経験では、物質世界で非常に成功した人は、失敗することをとても恐れるものだ）、自分は決して一人ではなく、無限の力と共にあることがわかったからだ。

自分が最も恐れていることが自分の心が生んだ幻でしかないとわかれば、無限の力を発揮するのは難しいことではないのだ。

スピリチュアルな体験をすれば〝特別な存在〟になれる？

道徳的に生きている人は、そのことを自分のまわりに宣伝して回ったりしない。ただ単に正直で道徳的で、自分の心に従った行動をとるだろう。

スピリチュアルな生き方をすることについても同じことが言える。スピリチュアルな生き方をするとは、自画自賛するために何か偉業を成し遂げることではない。

また、「自分はスピリチュアルな人間だ」と感じようとすると、エゴが顔を出して自分のまわりにバリアを張る。

エゴは、「自分は周囲の人間よりも優れた存在でありたい」と望み、他の人と自分の魂を比較してあなたを責めるだろう。

エゴは、精神的であることを説明・主張し、折に触れて自分はスピリチュアルな生き方をしているかチェックしたいと望む。

そしてスピリチュアルな体験をすればエリートになれると考え、ライバルと自分は違うのだと思い上がるようになるだろう。

そんな考えにとらわれているうちは、低いエネルギー・レベルであるエリート主義から抜け出せない。

体の不調は〝無知な心〟がもたらす

エネルギー・レベルが低いままで生きていると、体が不調になることが多い。

体は心に依存しており、指示を与えてくれる「私」を必要としている。

心が過食を命じれば、体は心の指示に従う。心が毒物を摂取するよう命じれば、手がこの指示に従い、体に毒物を注ぐ。無知や誤解に染まった心は、体の不調というかたちで表われるのだ。

体は、人間として機能するためのすばらしい道具だ。あなたは泳いだり、車を運転したり、セックスしたりして、この体を満喫する必要がある。

そして、「体」という船の船長である心には、人生の舵をとってすばらしい航海にする力がある。

本書のテーマであるスピリチュアルな視点を得られれば、心と体は、無限のエネルギーが流れる道具になり、自分の体や心といった小さな境界に縛られることはなくなる。

こうした悟りの境地に達すると、さまざまなことが際限なく明らかになる。「偶然の一致」が人生にたくさん起きるだろう。心や体を超越した知識を持つだろう。そして病気や不足、悪といった幻を消す力が自分にあることを発見するはずだ。

〝富を引き寄せる磁石〟を自分の中につくる法

私は長年の間に何度もこう尋ねられた。

「孤児院で過ごした時期もある不遇の子ども時代を乗り越えて、ほとんどすべての望みをかなえることに成功した秘訣は？」

私の答えはいつも同じだ。

「無限の力の法則が正しいことを信じ、それをいつも実践してきたから」

私は幼い時から、心に思い描けば何でも手に入れられることを知っていたし、この秘密をためらうことなく友達に話していた。他の子たちは、ほしいものを買う金がないと不満を漏らしていたが、私のポケットの中にはいつも自分で稼いだ金がたっぷりあるように思えた。

雪の降る夜には毛布の下に雪かきの道具を入れて眠り、朝五時に起きると、行ける範囲の近所中の歩道の雪かきをし、朝の十時に、歩道の雪かきをしたことを近所の人に知らせて、ぬかりなくお駄賃をもらった。

「無限の力の法則」は、「無限の富の法則」であることを私は昔から知っていた。

たいていの人は不足の法則を信じ、実践している。彼らの問題の大部分は、この法則にこだわっていることに原因がある。「不足の法則」にとらわれてあがいているのだ。

私はこれまでの生涯で、無限の力の豊かさを実感することができた。実際に豊かになる前にすでに感じ取っていたが、自分も豊かになれるとわかったのは、**「自分に必要なものは十分手に入れている」**と心の中で確信したためだ。この確信があったから、私は自分が望み、他人から望まれているような行動をとった。

祈りを捧げる時、私は決して無限の力を操ろうとしたり、恩寵を求めたり、自分が何もしないでいる間に、かわりに何かをしてくれるように求めたりはしなかった。ただ、この無限の力を引き出せるよう祈りを捧げただけだ。何かをしてくれるよう求めたりせず、自分は十分に与えられていないという思いを消し去ったのだ。

そのおかげで、磁石が鉄くずを引き寄せるように、自分の人生に欠けているものを引き寄せることができたのだ。

光をあてれば、どんな〝深い闇〟も消え去る

問題のない人生を送るには、あらゆる〝闘い〟から手を引くことだ。

私たちは、勧善懲悪の考え方を教えられる。勝利とは、善が悪に勝つことを意味すると信じている。

たとえば私たちは、健康が勝つことを願って悪性の病気と闘う。

しかし、スピリチュアルな力で問題に対処すれば、**無限の力という光が問題という闇を消し去る。**

たとえ反撃というかたちであっても、闘えば、最初に問題をつくり出したものと同じレベルに落ちることになる。

マザー・テレサはベトナム戦争中、「私たちが行なう戦争反対のデモ行進に参加してくれますか?」と尋ねられ、「いいえ、参加するつもりはありません。でも、平和のためのデモ行進なら参加します」と答えた。

「世界」を変えるには、「意識」を変えるしかない。人生やすべての問題についても同じことが言える。

悪に手向かわないという法則は、自分の邪悪な側面にもあてはまる。自分の中にいる悪魔と闘い、自分が間違いを犯したと腹を立てるのは、悪という力にさらにエネルギーを与えることになる。

自分の邪悪な側面にスピリチュアルなエネルギーを送り込むのは、暗い部屋に光を入れるのと同じだ。光が入るだけで闇は消える。

くれぐれも邪悪な一面と闘ってはならない。そんなことをすれば、「悪には力がある」という幻を温存させることになる。

この世には、たった一つの無限の力しか存在しない。この力を利用するのだ。

誰かを〝悪者〟にしたくなった時は――

物質世界では、善悪の観念に縛られて争うことがよくある。平和を求めて交渉する際には、「一方が善で、もう一方が悪」と見なすのが一般的だ。これは、国家やコミュニティ、個人的な人間関係にも言える。

しかし、スピリチュアルな世界では、善と悪を区別できない。無限に調和がとれた空間があるだけだ。

もう一度言うが、この世界には一つの力しか存在しない。善悪で物事を判断するのをやめて、調和のとれた心で問題に向き合えば、エゴに振り回されて誰かを悪者にする必要もない。

誰かを悪者にすれば、問題は必ずこじれるものだ。誰かのことを愚かだ、とるに足りない人物だ、傲慢だ、軽はずみだ、ふしだらだといった具合に断定するだけでは、その人を定義したことにはならない。

自分の心の中にある「対立の原因」を探らずに判断を下し続けても、問題は一向に解消されない。

自分は正しくて相手が悪いと決めつけたい——そんな強い誘惑に抵抗できれば、スピリチュアルなエネルギーのレベルはすぐに高まる。

争いの中で調和を感じれば、問題が解消されるばかりか、自分のエネルギー・レベルまで高まり、心の安らぎと豊かさを味わえるだろう。

「運」を好転させ、健康を手に入れる法

大きな憎しみを胸に抱いて生きていると、自分が軽蔑している憎しみという低いレ

ベルのエネルギーを引きつけてしまう。

たとえば、友人の知り合いのデニーズ（仮名）は離婚しようとしている時、ことあるごとに夫に対する恨みつらみを口にしていた。毎日、憎しみや復讐心、悲しみ、うつ、そして経済的にどうやっていけばいいのかという不安で心は悶々としていた。夫のひどい仕打ちを理由に自分の判断をいつも正当化していた。

こうした姿勢にこだわり続けている間、彼女の「運」は悪くなる一方だった。突然、肌に発疹が現われたり、出血性の潰瘍《かいよう》と診断されたり、足が激しく痙攣したり、娘の一人が麻薬所持で逮捕されたり、最後にはひどい交通事故に遭ってしまったりした。すべてが悪いほうへ悪いほうへと転んでいった。

憎しみに駆られた低いレベルにとどまっていては、運が好転するはずがない。もし、あなたも運が下降し、物事が悪いほうに向かっているような気がしたら、自分が善悪で判断していないかどうか振り返り、スピリチュアルな視点を毎日に取り戻してほしい。

〝生きる〟とは「成長し続ける」こと

私は今、この文章を書きながら、地球のどこかでこの本を読んでくれているあなたを思い浮かべている。

あなたがどんな人物か、何歳か、男性か女性か、どんな地位を得たか、あるいは得られなかったか、どれほどの教育を受けたか、どれほど富を持っているかに関係なく、私、ウエイン・ダイアーは、あなたが私から学ぶのと同じくらいたくさんのことを、あなたから学べると心の中でわかっている。

さらに、非常に深いスピリチュアルなレベルで、あなたと私が結びついていると心の底から感じる。

私があなたに教えるべきことがあるからといって、この惑星で私が一番優れているわけではないと思ってほしい。私のために。

だが、それでも、私は以前の自分より今の自分のほうがはるかによいことはわかっている。私はもう、正しくあること、成し遂げること、勝つことを必要とするエゴに振り回されることはまったくない。

今では、自分にとってどんなプラスがあるかを考える前に、自分がどんな役に立てるかを自問できる。今では、勝つことや正しいこと、力があること、そして何より成功していることを知らせるメッセージではなく、安らぎや善意、愛、許し、一体感、思いやり、喜びのメッセージを広めている自分に気づく。薬物ではなく瞑想に頼るよう教え、以前よりもいい親であり、いい夫であり、いい息子である。

生きている花と死んでいる花の唯一の違い——それは「成長する」か否かだ。

これは、人間の精神にもまったく同じことが言える。

あなたは成長しているか？　今の自分は以前の自分よりもよいか？

老子は数千年前に次のように述べている。現代にも、今から数千年後にも通用する言葉だ。

「人の生まるるや柔弱、其の死するや堅強なり。

万物草木の生ずるや柔脆《じゅうぜい》、其の死するや枯槁《ここう》す。
故に堅強なる者は死の徒、柔弱なる者は生の徒なり」
（人は生まれた時は柔らかく弱々しいが死ぬ時は硬直する。すべて草木に至るまで生きている時は柔らかいが死ねば枯れて堅くなる。だから強固さは死の属性で、柔らかく弱々しく柔軟で力が入っていないのは生の属性である）

『老子』（朝日文庫、福永光司著）

スピリチュアルな自分に目覚めるまで自分のエネルギーを高めようと思うなら、これまで紹介したスピリチュアル・ライフの原則について学び、実践するよう勧める。「すべての問題はスピリチュアルな力によって解決できる」という考えを受け入れる方法については、これで終わりである。

次章からは、アッシジの聖フランチェスコの「平和の祈り」を参考に、スピリチュアル・ライフを送る具体的な方法について見ていこう。

6章

感情をコントロールできると人生が変わる

――「怒り・恐れ・妬み」と無縁の世界へ

悟りとは、「平和に包まれた状態」である。

そして、**スピリチュアル・ライフを実践する究極の目的は、「心の平和」「心の安らぎ」「穏やかな心」を手にすることに**ある。

心が平和な状態にある時、怒りや恐れ、貪欲、悪意、妬みといった感情は存在しない。

では、どうすればいつも「心の平和」を乱さずにいられるのか、考えていこう。

「こうあるべき」より「あるがまま」を受け入れる

もしあなたが今、心の安らぎを感じていないとすれば、それは考え方が間違っているせいである。

「あなたが私と同じように考えてくれれば、こんなに腹を立てることもないのに」

「私が考えている通りの世界なら、私の心も安らぐのに」

こんな考え方をしていては、永遠に心の安らぎを感じることはできない。実際、人はあなたが思う通りにはならないし、人生も同じである。

心の平和は、「人生はこうあるべき」と思わず、あるがままを受け入れることで、はじめて得られるものだ。

なにも無頓着になれとか、無関心になれと言っているわけではない。世界や人々をあるがままに見つめ、心を乱すような考えを抱かないでほしいと言っているのだ。

以前、搭乗していた飛行機が、滑走路で四十五分間足止めをされ、操縦席の計器に警告ランプが点いたのでゲートに戻るというアクシデントに遭った。ゲートに引き返し、出発が大幅に遅れることが確実になると、私のそばにいたキャビンアテンダントはこんなふうに嘆き始めた。

「まいったわ。二百五十人の乗客全員が私に噛みついて、飛行機を降りる時には怒りのまなざしを向けてくるんだから。ストレスがたまるわ」

私は彼女と数分ほど言葉を交わし、心の奥底では平和な気持ちでいることに気づいているはずだと指摘した。

「心の安らぎを乱す者を自分の中に入れないようにしなさい。心の安らぎに包まれている自分をイメージしなさい」

と私は忠告した。

すると、彼女は睨みつける乗客一人ひとりに柔和な態度で対応し、乗客たちの不満や怒りといった低いレベルのエネルギーをはねつけることができたのだ。

平和な考えしか抱かないと決意すれば、どんな時でも心は穏やかでいられる。気難しい人たちとのつきあい、家族の病気、嫌でも顔を合わせる思いやりのない上司、厳しい家計、払わなくてはならない税金、交通渋滞など、あれやこれやを考えると、平和な考えしか抱かないというのは無理難題に思えるかもしれない。けれど、心の平和は、与えられるものではなく、自分で自分に与えるものであることを忘れないでほしい。

心をかき乱される相手こそ〝魂を磨く〟名教師

あなたをかんかんに怒らせる相手と言えば、誰を思い浮かべるだろうか。

夫や妻？　子ども？　自分の親？　同僚？　上司？　隣人？　他の誰かに同じことを言われても聞き流すことができるのに、その人物に対してはそれができない人。

実は、こういう相手はみな、**あなたの魂を磨くための名教師**だと認識しよう。彼らはあなたを導き、多くのことを教えてくれる。

「自分はまだ感情を抑えることができていない未熟な存在なのだ」と教えてくれているのだ。

あなたの心をかき乱す力がある人は、**「穏やかな心を得るのに本当に必要なこと」**を思い出させてくれる教師なのである。

私の場合は、妻と子どもが一番の教師だ。彼らは特別な師なので、私は**「心の友」**と呼んでいる。

「心の友」の私流の定義は、すべての問題で自分と同じ意見を持ち、同じことに興味を持ち、常に満足させてくれようとする相手ではない。深く愛しているが、しばしば意見が対立する相手のことだ。

「心の友」は、感情が暴走するのを抑えてくれ、未熟な自分をたえず思い知らせてくれる。

私の妻はまさにそういう人物だ。私たちは長い年月を共に過ごし、さまざまな危機を一緒に乗り越えてきたが、いまだに私は彼女の言葉や口調に腹が立つことがある。

後になって静かに振り返ると、一番の教師が与えてくれた〝いかなる時も安らかな気持ちでいる能力〟を調べるための試験に、落第したことに気づく。

きっといつか私も、一番の教師がどんなに難しい試験をしても、心穏やかでいられるようになってくるだろう！

〝心の安らぎ〟を取り戻す簡単な方法

『奇跡のコース』の中に、私の心を惹きつけてやまない一節がある。

心が不安や怒りでざわついた時に、あなたにもぜひ思い出してほしい言葉だ。それは、

「こんな状態ではなく、平和を選ぶことができる」

である。

息子がある日、深夜にバーでけんかに巻き込まれ、不機嫌そのものになったのを覚えている。酔っぱらい数人にからまれた息子は前歯を折り、数カ所に軽傷を負った。もちろん、息子のことで私は気が動転したが、それと同時に、なぜ、そんな場所に行ったのかと、息子に対して歯ぎしりする思いでもあった。

苦悩の中で、私はふと、『奇跡のコース』の一節を思い出した。

「こんな状態ではなく、平和を選ぶことができる」

この言葉を心の中で復唱すると、たちまち苦悩から解放された。歯科医の友人に息子の救急治療をしてもらいに出かけ、私は平和を〝選んで〟自分の力で心の安らぎを得ることができた。それだけでなく、息子はその一件に懲りて、酒を飲んだりバーに行ったりするのはやめると決意した。

レバノン人の詩人ハリール・ジブラーンは、

「苦しみの大部分は自分が選んだものである」

と述べている。ジブラーンの言葉は、「心が安らがない」「つらい」といった状況すべてにあてはまる。

聖フランチェスコの、

「主よ、私をあなたの平和の道具としてください」

という言葉は「神（無限の力）と平和は同じものであり、平和を感じていない時は神から離れている（無限の力に気づいていない）」という意味だ。

大切なのは**「人生で起きるすべてのことを、穏やかな心で受けとめること」**なのである。

以下に、いつまでも穏やかな自分でいるための具体的なアドバイスを記しておこう。

❖〝マイナス感情〟にストップをかけるフレーズを貼っておく

次の言葉をメモし、家や職場、自動車の中の目につくところに貼っておこう。

「こんな状態ではなく、平和を選ぶことができる」

心の中でマイナスの感情が大きくなってきたら、この言葉を唱えよう。思い悩んでいる時に、この言葉を頭の中で反芻し、心を落ち着けようと努力するのだ。そうすれば、心をかき乱すことを考える〝悪いクセ〟から驚くほど簡単に抜け出せるだろう。

❖〝一人だけの時間〟をつくる

さわやかな散歩を楽しんだり、静かに座っていられるように寝室の鍵をかけたり、オフィスの喧噪を離れて静かな公園に行ったりして、自分には無限の力があることを思い出そう。

そして、誰にも邪魔されない貴重な一人の時間に、「私は無限の力にゆだねます」とつぶやいてみよう。そうすれば、たちまち心が落ち着き〝心の安らぎ〟に包まれるのがわかるはずだ。

無限の力を発揮するのを妨げる一番厄介な障害は、エゴであることを思い出してほしい。

こうした自分と向き合うひとときを、私は「無限の力を感じる時間」と呼んでいるが、**一人の時間を確保するだけで心の「平和」が得られるようになる。**

❖「瞑想」を日課にする

「忙しすぎて時間がとれない」「心を静める効果があるとは思えない」「なかなかうまくいかないんだ」――瞑想を日課にしようと言うと、こうしたセリフを必ず耳にする。

しかし、穏やかな心を手に入れ、無限の力とアクセスするために、瞑想を日課にすることをお勧めする。

これから二カ月間、一日に最低でも一回、できれば二回、瞑想するようにしよう。あなたの好きな方法でかまわない。どんな方法でするかよりも、真剣に瞑想するかどうかが大事だと私は考えている。テクニックはいろいろあるし、手引書も出回っている。雑念を捨て、心の平和を得られるなら、どんな方法でもかまわない。

瞑想の練習をすれば、無限の力を発揮した時に得られる一体感や心の安らぎを実感できるようになる。そして、自分が今抱えている問題を重荷とは感じなくなるはずだ。

「他人のせい」「環境のせい」をやめる

心が乱れた時、「私は自分の心の問題を他人や環境のせいにしている」と気づくだけで、あなたは分別を取り戻せるだろう。

たとえば、子どもにカーペット一面にフルーツジュースをこぼされたり、部屋中を散らかされたり、大声でわめかれたりして、自分の思い通りにならない時。

こんな時に**「心を穏やかに保つのは私の責任」**と自分に優しく言い聞かせれば、気持ちを落ち着けることができる。

心が安まらないのを、自分以外の何かのせいにしたくなる気持ちを抑えることができれば、いつも心は穏やかだ。

人生には受け入れるのが難しい出来事が起こることもあるが、心の安らぎは、他の誰かや何らかの環境に左右されるものではない。

「平和ではない世界で、どうして平和を感じていられるのですか？」と尋ねられると、私はいつも、**「内なる平和は、外の世界の平和とは関係ないからです」**と答える。

外の世界から心の平和を守ろうとするのではなく、自分の平和を周囲に分け与えられるくらいにならなければならない。

実際、私たちは毎日、「心の安らぎ」を人に与える練習をする機会がたくさんある。

聖フランチェスコは、

「与えたものが返ってくるのですから」

と述べている。人に心の安らぎを与えれば、自分も心の安らぎを得られるのだ。

平和の使者となって、今日一日、心の安らぎを人に与える機会を注意して探してみよう。

先日、小さなガソリンスタンドで料金を払おうと順番待ちをしている前で、三ドルで洗車ができる機械の操作方法がわからない若者に、レジ係が失礼な態度をとった。払った金を返してほしいと言われると、レジ係はこの若者を罵倒し、頑固に拒み続けた。

その若者は明らかに英語が話せず、なぜレジ係にひどい扱いを受けているのかはもちろんのこと、何を言われているのかすら理解できていなかった。

まごついて立ちつくしている若者を見て、私は心の安らぎを与えるチャンスだと考えた。私は若者の腕をとって外に連れ出し、機械の操作方法を教えた。若者は、私と出会ってはじめて笑顔を浮かべた。

あなたも今日一日、心の安らぎを与えられるのを待つのではなく、「平和の使者」になって人に安らぎを与えよう。「与える人」は「与えられる人」であるのだから。

7章

「愛の種」を蒔けば、憎しみは枯れていく

——「自尊心」というブーケで魂を飾ろう

善と悪、愛と憎しみといった相反する力はどこにでもある。世界に存在するこの二つの相反する力は「神と悪魔」であると信じる者も多い。

本書では、こうした考えを否定するのにかなりのページを割いてきた。

私は、憎しみすら「愛」だと信じている。つまり、**「憎しみとは愛が逆の方向に向かったものだ」**と受けとめているのだ。

基本的に、憎悪をむき出しにしているように見える人は、「自分は愛されていない、人生に愛されていない、もっと愛されたい」という思いを表に出しているのだ。だから、憎しみを抱いている人の心にも必ず愛がある。憎しみを抱いている者に「自分は愛されている」と確信させれば、憎しみは消え去っていくのだ。

聖フランチェスコは、

「憎しみのあるところに、愛をもたらすことができますように」

という言葉を残しているが、次にその具体的な方法について見ていこう。

〝愛のエネルギー〟こそ「奇跡」を起こす素《もと》

世界には無数の憎しみが存在するように見える。繰り返される紛争や侵略や虐待。心ない暴言、詐欺、復讐……。

しかし、こんな世界だからこそ、あなたが愛の光をあらゆる場所に照らしてほしい。

日々の暮らしの中で愛のエネルギーを放射していけば、奇跡が起きる。

まず自分に、それから自分の周囲にある憎しみのエネルギー空間に。

憎しみをあらわにしている人を見るたびに、「あの人は愛されたいと思っているのだ」と心から確信しよう。憎しみに愛で応じることができれば、憎しみとは人の心が犯した過ちにすぎないと確信するはずだ。

愛の力は、憎しみという冷たい心をとかすと私は信じている。

私が愛について語ることは、どれもこれも宗教がかった机上の理念で、自分を憎んでいる人間がいる時にはあてはまらないと思っているかもしれない。

しかし、今はただ、憎しみがあるところに愛の種を蒔き、憎しみは愛を求めているという考えを吸収してほしい。

❖ナイフを突きつけてきた男も改心！

ここで、憎しみと暴力の極限に置かれた女性からの手紙の一部を紹介したい。彼女は大きな不安と恐怖の中、憎しみに愛で応えたすばらしい例だ。

「金曜の午前二時半ごろ、覆面をした男にナイフを喉に突きつけられて目が覚めました。最初、私は悪い夢を見ているのだと思いましたが、すぐにこれは現実で、そばにいる男は本物の人間だと気づきました。もちろん、私は怯えました。

男はあれこれ尋ねながら、テープで私の目と口をふさぎ、両手を縛って、ナイフで私のナイトガウンと下着を切り裂きました。

抵抗してひどい目に遭うか、抗《あらが》わずにうまくいくことを願うか、二つに一つだと気づきました。私は後者の道を選ぶことにしました。そう思うと急に心が落ち着き、私は男に話しかけ始めました。私自身の言葉で語るのはこの場合ふさわしくなかったので、最近聞き始めたあなたのテープの中の言葉を思い出しました。

男は、出身地のロサンゼルスに戻る金と車が必要なのだと打ち明けました。私はとっさに言いました。

『あなたは悪い子じゃないわ。あなたのために祈ってもかまわない？ 神よ、この若者に、ロサンゼルスに戻るのに必要なお金を与え、幸せで善良な暮らしを送れるよう、手をお貸しください』

『つきあっている女性はいるの？』と尋ねると、『ああ、ロサンゼルスにいる』という返事でした。子どもがいるのか尋ねると、男は『いや。子どもがいたら、こんなところにいるはずないだろ』と答えました。

『私には子どもも孫もいる。いい子たちよ。あなたも彼女と一緒になって、いつか子どもをつくるべきだわ。子どもはいいわよ』と私は言い、相手が善良な人間であるかのように男に話し続けました。すると、『これじゃあ、できない』と男はとうとうさじを投げました。そして、『あんたはいい人だ』と言いました。

こんな時に落ち着いて優しい言葉をかけられたのは、ひとえに、あなたのテープを聴いていたおかげです。驚くほどの安らぎと力を得て、優しい言葉をかけることができ、命拾いしました。人生の知恵を授けていただいたことに、心から感謝しています。『恐怖にとらわれる』ことがなかったのは、あなたから授かった知恵のおかげです。心の底からお礼を言います……言葉では、この感謝の気持ちを表現しきれません」

いつも〝他人を祝福する気持ち〟を忘れない

身近な相手に憎しみを抱かれることはあるものだ。

そんな時はまず、「相手がそんな感情を抱くのは、愛に飢えているためだ」ということを思い出そう。そして、「私は〝意志の力〟で安らぎを得る。憎しみがあるところに愛をもたらす」と心の中で繰り返し唱えてほしい。

絶対的な愛は憎しみと共存することができない。だから、憎しみがあるところに愛をもたらすのは、憎まれているあなたの仕事だ。

誰かの犠牲にならなければいけない、と言っているのではない。憎しみを向けられた場合にできる最善のことは、心の中で相手を祝福し、恐怖や憎しみという低いエネルギー空間から身を遠ざけることだ。

誰かのせいでうんざりしたり、むかっ腹を立てたり、悶々と思い悩んだりするのは、無限の力から離れる行為だ。争いの場から身を遠ざければ、自分はエネルギー空間を汚染されずにすむし、相手は一人で反省することができる。

憎しみに憎しみで応じても何の解決にもならない。

その一方で、愛というエネルギーを注がれると、すべてのものは喜びや美に変わる。人生の「問題」の多くは、高いレベルのエネルギーで満たされていないことから生じる。憎しみといった低いレベルのエネルギーは、家庭や職場、家族、友人、その他の対人関係、ときには健康にさえも害を及ぼすことを心に留めておこう。

〝愛情〟を注げば「マイナス感情」は自然消滅する

私が愛を実践するために毎日行なっている日課は、

「憎しみのあるところに、愛をもたらす」

という聖フランチェスコの「平和の祈り」の一節を心の中で繰り返し唱えることだ。

この祈りの言葉のおかげで、エゴに駆られて憎しみに憎しみで応じるのをやめ、愛情に満ちた行動をとる力も湧いてくる。

先週、テニスコートでダブルスの試合をしている時、選手の一人が、反則だと言って、私のパートナーを罵倒し始め、コートの空気が毒されていった。

私はその時、聖フランチェスコの言葉がとっさに頭に浮かんだ。私は、罵倒されたパートナーに、相手にしないようにとアドバイスした。それから、憎しみに駆られている相手に向かって、

「わかってるだろうが、勝っても負けても、私たちは君のことが大好きなのだよ」

と呼びかけた。こちらの様子を窺《うかが》っていた全員に聞こえるような大声で。

私は自分のとっさの行動に驚いたが、相手の反応にはもっと驚いた。彼はこちらを見て微笑み、「すまなかった。ついカッとなって」と謝った。憎しみを向けられて愛の種を蒔いたとたん、憎しみが消えた驚嘆すべき例だ。

その他にも子どもが憎まれ口を叩いたり、憎々しい態度をとるたびに、私と妻は子

どもを安心させるように抱きしめたり、肩を叩いたり、「ねえ。ママはあなたを愛してる。あなたが腹を立てている時でもね」といったようなことを口にして、そのことを思い出させるのだ。お説教はなし。「愛されていること」を思い出させるだけだ。

憎しみをむき出しにした激しい口論の最中には、誰もが無限の力を持っていることを思い出そう。自分を含め、当事者全員にこのことを伝えれば、それだけでその場を丸く収めることができるのだ。

また、誰かから憎しみの感情を受けたことを話の種にしたいという誘惑に負けないこと。中には、他の誰かが口にした言葉を長々と繰り返す人もいるが、そんなことを話題にすれば、あらたな憎しみの感情が湧いてくるだけだ。

〝偏見〟とは「早まった判断」を下すこと

何度も繰り返すが、憎しみは、愛を求める叫びにほかならない。

私の娘が思春期だったころ、親や先生など、権力を持つありとあらゆる人物、特に私に対して反抗的な態度をたびたびとっていた。

ある日、「家族で一度夕食を共にできるか」と私が尋ねると、彼女はしぶしぶ「いいわよ」と返事した。説教せずにただ語り合って数時間を過ごし、常に対等な立場で彼女の生活に興味を持つと、娘との関係は大きく変わっていった。


自分に対して嫌悪感をあらわにしているように感じられる人間と一緒に過ごす時間をつくり、愛の種を蒔こうと少しばかり努力すれば、相手も次第に心を開いて、愛が実を結ぶチャンスも出てくる。

これは家族だけに言えることではない。職場で失礼な態度をとる同僚がいるなら、昼食の一時間ほどを一緒に過ごすだけで、相手からの反感はおおむね消えるはずだ。

「prejudice（偏見）」という単語は、「prejudge（早まった判断を下す）」という意味のラテン語に由来する。

つまり、あなたの愛をよく知らずに判断を下しているだけなのだ。

また、手紙で自分の思いを伝えるやり方もある。そうすれば、読む側は憎しみを募らせても、言い返すことができないからだ。

たとえ、手紙に書いた内容が気に入ってもらえなくても、あなたは無限の力を持った、愛すべき存在なのだと伝える努力をしよう。その一方で、自分が憎しみを向けられてどう感じているか、そうした憎しみからたびたび身を遠ざけているのはなぜか、といったことも伝えよう。

手紙を通して愛を伝えれば、憎しみをさらにかきたてて激しい言葉の応酬になることもないだろう。

対応一つで〝不渡小切手〟の回収率が九八パーセントに！

私のテープがほしいと商品を注文する人から小切手が届くことがある。しかし一週間ほど経ってから、相手の預金残高が不足していて、私が郵送した商品の代金が引き落とせないケースがたびたびある。

そんな時、「騙された。無責任で、モラルに欠けている」と不満を漏らしていた時期があった。

だが五年ほど前に、私の考えは一変した。

こうしたことが起こるたびに、私はサイン入りの著書を一冊無料で送り、不渡小切手の支払いを求めた。

すると、驚くほど効果があった。不渡小切手を送ったお返しに無料で本をもらった人のうち、九八パーセントの人が金を払っただけでなく、わざわざ謝罪の手紙を書いてよこしたのだ。

以前は、不渡小切手の支払いをした人が四〇パーセント足らずだったのとは、対照的だ。

「親切がすぎてあだになる」という諺《ことわざ》がある。私は、「愛と寛大さで気持ちが通じる」という言葉のほうがはるかに好きだ。

憎しみがあるところに愛をもたらすためのアドバイスはこれで終わりだ。

最後にブッカー・T・ワシントンの言葉を載せよう。

「私に憎しみを抱かせて、自分の魂を見下すように仕向けることは誰にもできなかった」

九歳で働きに出て、働きながら教育を受け、アラバマ州にタスキーギ大学を創設した男の言葉だ。彼は憎むことを拒んだ。なぜか？　それは、彼が言う通り、憎しみを抱けば、自分の魂を見下すことになるからだ。

愛の種を蒔き、自尊心というブーケで自分の魂を飾ろう。

8章

「奇跡の癒し」があなたのものに

——病気・けがに治癒をもたらす「神秘の力」

聖フランチェスコは病人を奇跡的に癒すことができた。傷ついた人たちのそばにいるだけで、当時の医師には説明できないような奇跡が起こり、傷が治った。

私はなにも、聖フランチェスコやイエスのような奇跡を起こせと求めているのではない。奇跡的に病気や傷が治るなど、とんでもない話だと思ったり、「ダイアーの言うことはどこまで信用できるのか」と思ったりしているのなら、この章で「真の癒しとは何か」について考えてほしい。

この章では、自分や自分の愛する人が病気になったり、けがをしたりすることをどう考えればいいのか、私の信念を明らかにしたい。

病気・けがに〝癒しのエネルギー〟を注入するために

自分の体が病に冒された時、人はできるだけ早く、できるだけ苦痛を感じずに、肉体を病気から解放したいと思うものだ。

しかし、私は**「どんな病気やけがに対しても自分で責任を持つ」**ようにとアドバイスしている。しかも、「罪悪感や羞恥心を感じずに責任を持つべきだ」と強調したい。「病んだり、バランスを失ったりしているのは、この私の体だ。これが私の今の状態であり、それにどう対処するかは私の責任だ」

こう自分に言い聞かせれば、スピリチュアルな癒しのエネルギーを発揮できるようになる。関節炎やガン、心臓病、腎不全といった病気や、あらゆるけがのことで自分を責めたり、腹を立てたりすれば、スピリチュアルなパワーはダウンしてしまうのだ。

肉体を通して、私たちは一生をかけてさまざまなことを学ぶ。

頭が禿《は》げている人もいれば、背が低い人もいる。目が見えない人もいれば、耳が聞こえない人もいる。歩けない人もいるし、いろいろな状態の人がいる。

どんな肉体を与えられようと、現状を受け入れ、自分を責めたり腹を立てたりせずに自分の運命を全うすれば、高いエネルギーを引きつけられる。

自分の魂は、この肉体という入れ物を割りあてられたにすぎない。肉体があなたではないし、あなたという人間の本質は肉体ではない。

〝ルルドの奇跡〟はなぜ起きるのか

どんな病気やけがも癒す奇跡の法則について書かれた本を、あなたも見たことがあると思う。

フランスのルルドやポルトガルのファティマといった高いレベルのエネルギーが存在する聖地で、自然に病気が治ったり、けがが治って松葉杖や車椅子がいらなくなったりした無数の例が証明している通り、奇跡は起こる。

子どもがけがをしたり、病気になったりするのは、特に、考えるのもつらいことだ。しかし、もう一度繰り返すが、スピリチュアルな視点に立てば、人は魂のレベルでは、決して死んだり生まれたりしないと強調しておこう。

人の本質は肉体にあるのではない。幼い子どもであっても老成した魂が宿っているかもしれない。

私に確言できるのは、たとえ肉体が傷ついていようと、魂は完全であり、常に無限の力があると苦しむ子どもに伝えることだ。

こうした教えによって、傷のあるところに許しがもたらされ、癒しのプロセスが促される。

自己治癒力ほど〝神秘的な力〟はない！

聖フランチェスコは、

「いさかいのあるところに、許しを」

という言葉を残しているが、私は「魂が持つ無限の癒しのパワーを発揮すれば、病気やけがから精神的に解放される」という意味だと考えている。

低いレベルのエネルギーを捨て、愛や思いやり、許し、一体感、感謝、無限の意識といった高いレベルのエネルギーに近づけば近づくほど、他人や自分の健康に影響を及ぼし、その体を癒すことができるようになる。

癒しとは、傷ついた人や傷そのものに、自分を通して無限の力を流し込む意識の状態を指す。

きわめて抽象的な話をすれば、どんな病気も、原因は精神と肉体が無限の力を見失っていることにある。

人は本質的には、この唯一の力を失うことはない。繰り返すが、病気という問題自体が幻であり、魂を目覚めさせれば幻は消える、と私は確信している。許しとは、この目覚めた精神を言い換えたものにすぎない。

実際、あなたには、聖フランチェスコやイエスが奇跡を起こして傷や病を癒したように、「傷」のあるところに「許し」という高尚な癒しのエネルギーをもたらす力があるのだ。

すべての問題はスピリチュアルな力で解決できると私は言っているが、健康の問題についても例外ではない。別に医学を否定しているわけではなく、**人を癒すのは医師や薬、治療ではない**と言っているのだ。

医者をしている私の友人たちは一様に、**肉体には自己治癒力という神秘の力がある**と認めている。あなたも、このスピリチュアルなエネルギーに目を向けなければならない。

「癒しエネルギー」の流れをせきとめるものは？

肉体には知性があり、自分が考えている通りのものになる、と私ははっきり言っておきたい。健康な体をつくるか病んだ体をつくるかは、どんな心で生きるかにかかっている。

潑剌として、愛情に満ち、健全で前向きな心を持てば、体もそれに応える。それだけでなく、出会う人すべてに、癒しをもたらすことができる。さらには、傷のあるところに許しをもたらして、癒しを促すこともできるだろう。

もちろん、あなたの中にもこうしたエネルギーがある。この癒しの力を知り、自分や他人の生活の中で作用させるためには、まずはエゴを捨てなければならない！

エゴは頻繁に動揺したり、孤独を感じたり、イライラしたり、恐れを抱いたりして、低俗な人生を送らせようとする。そして、自分を軽蔑したり、自分の思考に制限を課したり、基準に達しないことを恐れたりするよう仕向ける。そういう意識こそが、病気やけがを招くのだ。

傷のあるところに許しをもたらし、癒しを行なうには、このエゴに打ち克たなければならない。

自然そのものには調和をもたらす力があり、この唯一存在する力に注意を向ければ、すぐにエゴに打ち克つことができる。足を踏み出せば創造の奇跡への道は開けるのに、恐怖のせいでこうしたエネルギーが萎え、何らかのかたちで傷をつくるのだ。

病気になるのではないか、けがをするのではないかと心を煩わせるのをストップしてしまえば、体は自分が望む通りの状態になるだろう。

「考えたことが現実になる」というのが、人生、そして宇宙の基本原則である。

「私の病気やけがは治らない」と考えるのは、「私には無限の力がない」と言うのと同じだ。

私はあらゆる可能性に心を開いてきたおかげで、病気やけがを癒す意識、そして幸せにつながるもっと深遠な意識を持つにはどうすればいいか、知ることができた。絶対に治らないという思い込みをなくせば、スピリチュアルな力が目覚めて調和のとれた完全なエネルギーの世界に入る。

そして、あなたも無限の力を意識していれば、性格がひねくれたり、けがをしたり、病気になったりすることはないと気づくようになるだろう。

〝調和のとれた考え〟で「気の流れ」が活性化する

無限の力を働かせれば、あなたはスピリチュアルなレベルで病気やけがを癒すことができる。病名や、薬、医師の腕は関係ない。無限の力は善であり、すべてのものは無限の力からできているから、（不和や不調和と同様に）病気も幻なのである。

癒しの力が働くのを目にするのは、すばらしい体験だ。

癒しの力は数え切れないほどさまざまなかたちで毎日働いている。癒しの力が肌に働くと、シミが消える。なかなか治らない風邪が突然、治る。鼻水が出なくなり、熱が平熱に下がり、胃のむかつきがおさまり、折れた指が治る。

こうした「癒し」はみな、完全な状態に戻ったにすぎない。そして癒しのプロセスには、本人の考えが大いに関係している。

調和のとれた幸せな考えを抱き、無限の力を持っていることを実感すればするほど、癒しの力が湧いてくる。「気」の流れを活性化してアンバランスな状態を改めることもできる。

ここであなたは、こんな疑問を持つかもしれない。では、なぜ、聖フランチェスコは結核で死んだのか？　なぜ、イエスは磔《はりつけ》にされて死んだのか？

末期の状態にあった聖フランチェスコは、「なぜ自らを癒さないのか」と尋ねられ、「癒しているのが私ではないことを、みなに知ってもらいたいからだ」と答えた。

聖フランチェスコにとって、死は存在しない。スピリチュアルなレベルでの現実は無限であり、誰も生まれたり死んだりしない。かたちや時間や限界がない。あなたの体の中にある無限の力が目覚めると、私たちが「癒し」と呼ぶ奇跡が起こる。

聖アウグスティヌスは、次のように簡潔にまとめている。

「奇跡は自然に逆らって起こるのではなく、自然に関する私たちの知識に逆らって起こる」

癒しとは無限の力を認識することにほかならないと気づき、こうした認識を阻む、病気や死への恐怖を一つ残らず捨てれば、もうあなたには恐れるものは何もない。

昏睡状態の若者が〝奇跡の回復〟を遂げた!

間違ったことや自分が望んでいないことにエネルギーを注ぐことがよくある。「風邪が悪化しそうだ」「どうしようもない。インフルエンザが流行っているのだから」「悪化してからでないとよくならない」――。

こうした考え方はいずれも、自分が求めていないことを現実にしてしまう。ちょっと思い出してほしい。人は考えに従って行動するのである。病気について考えれば、それが現実になるのは当然だ。

バイクに乗っていて事故に遭い、カナダの病院で昏睡状態になっていた若者アンソニーを私は訪ねた。彼の友人数人から、彼が私の著書の大ファンで、事故に遭い、トロントで行なわれた講演に行くことができなかったので見舞いに来てもらえないかと頼まれたからだ。

私は空港に行く途中で、病院の集中治療室にいるアンソニーに会いに行った。看護師の話では、ひどいけがをしており、助かる見込みはほとんどないということだった。アンソニーはけがのエネルギーに包まれていた。集中治療室には、他にも重症患者が大勢いた。二十五歳のアンソニーは、意識不明の状態だった。

私はアンソニーと共に一時間過ごし、癒しのパワーを彼に注ぎ込もうとあらゆる努力をした。私は瞑想によって無限の力を深く意識し続け、この若者が白い光に包まれている様子を思い浮かべた。病室を去る時には、アンソニーが回復することを確信していた。

はたして、一年半後、ある集会で講演をしていると、アンソニーが現われた。元気そうな様子で、ほとんど完治したということだった。昏睡状態から覚めた後、彼は看護師から私が来たのを聞いたとのことだった。私が病室を訪ね、彼のベッドのまわりを歩きながら、夢中で祈っていたと聞いたらしい。

アンソニーを回復させたのは、私の力ではないのはわかるだろう。私は単に、彼の傷ついた体にスピリチュアルなエネルギーを送っただけで、それによって、アンソニーは自分で自分を癒したのだ。私が見舞いに行っている間にしたことと言えば、できるだけ高尚なエネルギーを保つよう心がけ、けがという存在しない力を信じないようにすることくらいだった。

〝前向きに生きる人〟は必ず癒される

私は、どんな人——精神エネルギーが最低レベルの人——であっても、みな、癒される可能性があると信じている。

売春婦に落ちぶれ、コカイン中毒でげっそり痩せて、骨と皮だけになった女性から手紙をもらったことがある。

こんなひどい状態で、彼女はある朝、ドラッグストアにふらりと入り、自己啓発用カセットテープの棚からテープを一本、万引きした。たまたま、それは私のテープで、どういうわけか、彼女は家に帰ってそのテープを聴いた。

毎日、テープを聴くうちに、次第に感化されて私と同じ考えを抱くようになり、傷ついた体が癒されていったという。今では、夫と二人の子どもと一緒に撮った写真が添えられたクリスマスカードが毎年、彼女から届く。新しく始めたビジネスは相変わらず成功しているというメッセージ入りだ。

気分がすぐれなくても、絶対に治らないとか、いずれ死ぬなどと思わずに、自分には無限の力が備わっていると確信しよう。

要は、

「それは可能だ」

「私にはできる」

「私はそうするつもりだ」

「無限の力を心から信じている」

と、常に前向きに考えることだ。

9章

毎日を「絶好調の気分」で生きるヒント

――〝気分がさえない〟時は、こう考えてみる

聖フランチェスコは、

「絶望のあるところに希望を」

と言った。

希望と絶望は共存できない。どちらかが、もう一方を消し去る関係にある。

そして、人生においては絶望が希望を消し去ることがたびたびある。

気分が滅入ったり、動揺したり、絶望したりしている時、あなたは低いレベルのエネルギー状態にある。「今日は気分がさえない」というのは、エネルギーが低下している時に感じる絶望を表わしている。

いつも絶望して生きている人々は、自分のエネルギーを高めてスピリチュアルなエネルギーを得ようとしない。それどころか、ほとんどすべての出来事を悲観的に受けとめる。

ここで1章にもう一度目を通せば、スピリチュアルなエネルギーの基本要素の一つに「快活さ」、つまり「希望を抱いた楽観的な人生観」があることに気づくだろう。

楽観主義という高いエネルギーに包まれていると、「今日は絶好調だ」という言葉が口をついて出ることが多い。

絶好調というのは、高いレベルのエネルギーに包まれているということだ。エネルギー・レベルが高ければ、悲観主義の幻は消える。

たとえ絶望してしまいそうなことがあっても、自分の中にあるスピリチュアルな力を信じ、悪いイメージや悲観主義を取り除いて自分のエネルギーを高めることだ。

そして、絶望を信じて生きている他の人に、高いレベルのエネルギーを静かに発散しよう。あなたが希望の光となって、どうすれば憂鬱や絶望に執着しないでいられるか、その方法を示してあげるのだ。

感情がアップダウンしやすい人の理由

ずっと憂鬱なままでいたがる人がいる。

「人生は不公平だ」「自分の悲しみは他の誰かのせいだ」「誰も理解してくれない」と

いった感情を長年抱いていると、絶望に陥るのが〝クセ〟になる。そして、たえず自己憐憫に浸るようになり、ついには自己嫌悪に陥る。

絶望に陥るのが好きな理由は、憂鬱なのは自分のせいだと考えないでいいから、あるいは、これまで守ってきたパターンを変える必要がなくなるからだ。いわば、絶望は、「気ままに苦しめる安全な避難場所」というわけだ。

特定の所有物がない、あるいは特定の人がいないと幸せになれない、あるいは自由になれない、という思い込みにとらわれている人は多い。まるで不幸になるようプログラムをされているようである。

人はみな、ある程度こうした思い込みをし、何かに執着しているものだ。しかし、こうした**「執着」こそが絶望の原因**だ。自分が執着しているものが手に入らないことを「憂鬱の言い訳」にするからだ。それどころか、目的――失うことへの不安、失った時の絶望――が見つかって、有頂天になるのだ！

今日から特定の人やものが必要だと言ったり、考えたりしないようにしよう。夕日や飛んでいる鳥、美しい庭や花に向かい合った時と同じ態度をとろう。何も求めず、あるがままに愛し、執着せずに楽しもう。

執着しないためには、投げ出すだけでいい。不幸なのは、自分の人生に誰か、あるいは何かが欠けているという間違った思い込みがあるからだと、自分に何度も言い聞かせるのだ。

〝観察者の視点〟を手に入れるだけで……

客観的に見て、私はもう物質世界を超越していると思う。だから、物質世界に存在する悲しみや苦しみ、絶望にはなかなか陥らない。絶望の幻を見ても、希望を抱いて楽観的でいられる。

何かが起きても私は、「今のウエインを見ろ。あいつは絶望が本物だと信じている。まるで本当に絶望を味わっているかのような振る舞いじゃないか。あんな態度をとるのをやめて、スピリチュアルな自分に目覚めさえすれば、すぐに絶望から逃れられるものを」といったようなセリフを心の中でつぶやく。

このように〝目撃者〟〝観察者〟の立場をとれば、客観的に自分を見つめることができるので傷つかない。

考えてほしい。苦しい時でも、そのことを考えないようにすれば苦しみは終わる。インドの聖人、シバンダの言葉にもある。

「苦しみを喜び、何事も自分を磨き、高めるために神が与えた試練と考え、自分の存在を思い出させるために神が送った使者として歓迎すれば、苦しみはもはや苦しみではなくなる」

私の体験から言っても、人生で絶望や苦しみを感じた時には、たいてい、精神的に成長し、無限の力を感じることができた。

私たちが苦しみと呼んでいるものは、私たちのエゴを焼きつくして精神を清めるために存在する。

人生の停滞期は、自分を高めるエネルギーを与えてくれる。

苦しい時でも、その苦しみが必ず精神面での成長につながるとわかれば、シバンダの言葉通り、「苦しみ」を喜ぶことができる。

たとえ悲惨な状況にあっても嘆いたり、泣いたりせず、すでに自分の中にある愛や力、活力で現状を変えるのだ。そうすれば、絶望の中に希望の光が見えるようになる。

〝うつの原因〟をスピリチュアルな視点から考えると——

「うつ」は、比較的現代の現象だ。昔とくらべて今は、うつが話題にされることが多い。先進国では全人口の二〇パーセントもの人々がうつに苦しんでいるというデータを見たことがある。

だが、私はうつそのものは存在しないと確信している。気の滅入るような考えを抱いている人々がいるだけだ。

うつ病の薬は大量に出回っているようだが、多くの場合、薬物療法は、絶望の症状——食欲不振、不眠、自尊心の欠如、倦怠感——を緩和するようだ。うつは心理的なものだと言う専門家もいれば、化学物質のバランスの問題だという意見もある。

だが、一つ確かなのは、先進国では、うつは大問題と信じられていることだ。

古典的作品である『薬物治療から瞑想へ』の中にこんな一節がある。

「うつの問題は後進国には存在しない。貧しい国では、人々はまだ希望を抱いている。うつの問題は先進国――ずっと求めてきたものをすべて手に入れた国――にしか存在しない。（中略）先進国の人々は目標を達成してしまった――それがうつの原因だ。もう希望はない。明日は闇で、明後日はその闇がさらに深くなる」

「自分の価値は何を得たかで決まる」――こんなことを信じていれば、そして「これ以上得るものがなく、人生の挑戦はすべてクリアした」と感じれば、やる気を失うだろう。

社会では金銭や名誉を追求するよう教えられる。そのため、瞑想して無限の力を感じ、より高い次元の自分に出会うことは、もっと多くの金を得るためにないがしろにされる。

しかし、愛や平和、喜び、快活さ、賛美、思いやりといったスピリチュアルなエネルギーを重視すれば、活力を奪ううつにはならない。

うつのような低いエネルギーの中にいると、体内のケミカルバランスが崩れる。たいていの人は、そこで薬という化学物質を体の中に注ぎ込む。すると、絶望や緊張が和らぎ、以前よりも調和がとれ、快活になる。だから、うつは薬や化学物質で治せると結論づける。

しかし、問題は、「そもそも、なぜ心身のバランスが崩れたか」である。うつはストレスと同じく、自分の心的態度によって自分の中に引き起こされるものなのである。

いつも「至福な自分」でいるために

人は心の奥底で、自分は不滅だと知っている。魂は不滅で、死後もなお生き続けるという希望を抱き、こうした思いから道徳的に完全であろうとする。こうしたことが「スピリチュアルな世界への目覚め」の足がかりになる。

ブッダの話は有名だ。王であったブッダは、物質的なものをすべて手に入れても悟りは開けないことに気づき、出家した。そして物質世界を司るスピリチュアルな世界の境地に達した。

私は物質的な富を重視していないが、至福を味わうためにそうしたものをすべて捨てる必要はないと考えている。生きることの本当の意味を考えてほしいだけだ。金で幸せは買えない。だから、たえず金を追い求めるのをやめ、より豊かな人生経験をしようと心に決めてほしい。そうすれば、絶望ではなく希望が胸に湧いてくる。

目に見える成功ばかり追いかけていると、スピリチュアルなエネルギーは低下する。そのことに気づき、こうした目安に頼るのをやめれば、希望を抱くようになる。

そこで、次は希望の力によってスピリチュアルな自分を目覚めさせるためのアドバイスをしていこう。

「うまくいった時」のことを集中的に思い出す

私は昔、こんな誓いを立てていた。「カウンセリングを受けに訪れた人たちに〝絶望の種〟ではなく、〝希望の種〟を蒔けるように努力する」というものだ。

たとえば、両親とうまくやっていけないと相談してきた男性には、親子の仲がよかったと感じた時のことを振り返らせ、その時のことを話してもらった。

どんな気持ちだったか、どんなことを考えたか、その結果はどうだったか、親と円満だった時には一日がどんなふうに過ぎたか、といったようなことだ。

うまくいっていた時のことをあれこれ思い出させて、相手の絶望を深めずに希望を抱かせるようにしていたのだ。

同様に、何かの中毒で苦しんでいる相談者にも、「問題」にうまく対処できたと感じた時があるものだ。たとえば、一週間過食しなかったとか、三日間酒を飲まなかったとか、一日中痛みを感じなかったという具合に。

たとえ一日であろうと、こうした体験をすると、絶望を希望に変える力が自分にあることを思い出してもらえる。一日でもできたなら、二日だって無理ではないはず……。こうして希望が湧いてくる。

後ろ向きな考えを強めたり、トラブルの原因について話したり、どれほど傷ついたかを何度も口にしたり、つらかった時のことを思い出したりと、つらい過去をむし返していても絶望感が強まるだけだ。

もし、あなたが絶望に心を乗っ取られそうになったら、希望を抱いたり、問題にうまく対処できたと感じたりした時のことを思い出し、その時に抱いた考えや感情を再現しようと努めよう。きっと、絶望から抜け出す道しるべが見つかるはずだ。

「求めれば、与えられる」宇宙の法則

もちろん、無限の力を思い出すのもいい方法だ。心の中で次のような祈りを捧げ、「自分は絶望から抜け出せる」と信じれば、必ずその通りになる。

「今のままでは、この状況に対処できない。自分には無限の力があるとわかっている。私はこの力にゆだねる」

このように心の中で祈るだけで、すぐに絶望から抜け出せる。手の施しようがないと思わなくなるからだ。

つまり祈りを捧げるということは、愛に導かれる人生を求めるということだ。惑星に太陽のまわりを回らせ、太陽をあるべき場所にとどめ、種から花を咲かせる無限の力を利用するということだ。

「自力で全部やる」としゃかりきになるよりも、はるかによい方法だ。

このアドバイスは聖書と同じくらい昔からあるものだ。アドバイスに従い、絶望から抜け出そう。

「求めなさい。そうすれば、与えられる」

この言葉を思い出すだけで、あなたは、絶望から抜け出して希望を抱き、どんな問題もスピリチュアルな力で解決できるだろう。

「すべてうまくいく」ところだけをイメージする

絶望した時いつもするように、無気力になったり、希望がないと言ったり、不満を述べたり、あら探しをしたり、自己憐憫に浸ったり、悲観主義になったりせず、「すべてうまくいく」ところをイメージし、それが現実になったかのように振る舞うようにしよう。

もっと豊かになりたいなら、物質的な富をすでに手に入れたところをイメージしよう。ショールームで夢見た車に座り、自分が運転しているところを思い浮かべて、そのイメージを意識の中に焼きつけよう。そうすれば道が開ける。

前著『「いいこと」が次々起こる心の魔法』（渡部昇一訳、三笠書房刊）の中で述べたように、**どうすれば道が開けるのかを問うのではなく、ただ「道が開ける」と信じるのだ。**

私と妻は、最近の風潮や子どもの行動に絶望するかわりに、この方法を実践している。理想のイメージを心に描こうと努めるのだ。そして、心にイメージした通りであるかのように子どもたちに接する。

悲観的になるのをやめ、成功のイメージを実現するために必要な「前向きな態度」で生きることだ。

すると、「勉強をがんばっているね」「明日は学校に遅刻しないよ」「自分のことを自分でできているな」「幸せそうで嬉しい」といった言葉をかけられる。あなたも今日から早速、実践してほしい。

絶望は、心の中にあるイメージにすぎない。そして、「イメージは現実化する」ということを忘れないでほしい。

人の不幸話の〝聞き役〟にならない

人の不幸話を語るのが大好きな人たちがいる。こういう人たちは、不幸な話であればあるほど、話すことに喜びを感じるようだ。そのせいで自分も不幸な日に遭うというのに。そういう時は、「私は絶望に浸る気はない」ことを相手に知らせるといい。

たとえば、誰かの死や病気、事故の知らせや、ひどい天候や犯罪のニュースを聞かされたら、私は相づちを打ってから、聞いた話の中で救いになりそうな点を指摘する。

「ハリーおじさんも、心臓発作を起こしたおかげで食事にもっと気をつけ、寿命が延びるだろう」

「ひどい嵐の時にはいつも、みんな人がよくなり、カンパをして近所の人を助け合うものだ」

「おばあちゃんは天国に行ったから、もう二度と苦しまなくてすむ」

といった具合だ。

こんなふうに思慮深い言葉を返すと、「私は人の不幸話をするのが好きではない」

と角を立てずに知らせることができる。不幸話を聞かされたら希望の持てる点を指摘すれば、すぐにその場のムードから絶望が消える。

〝楽天的に生きる〟スキルを磨く

根っからの楽天家はしばしば「ポリアンナ」と呼ばれ、批判的に見られることが多い。しかし、私は「ポリアンナ」と呼ばれることは（実際、よく言われるが）、最高のお世辞だと思っている。

住民全員が滅入っている町があった。景気が悪く、住民は暗い顔をして、町と自分たちの生活のすべてを嫌っていた。みなが悲観的だった。そこに、楽天的な少女、ポリアンナがやってくる。数週間もしないうちに、町の住民はみな陽気になり、互いを思いやり、景気が上向きになる。

『秘密の花園』も、甘やかされ、自分は病気だと思い込んでいた少年が、楽天的な少女の影響を受けるというすばらしい物語だ。有名な詩人、ロバート・ブラウニングが、後に彼の妻となる、病気がちの悲観的なエリザベス・バレットを活気ある女性に変身させるまでを描いた『白い蘭』という映画もお勧めだ。

こういった物語は、楽天的に生きることの大切さを教えてくれる。だから、「救いようのないポリアンナ」と言われるたびに、私はありがとうとお礼を言うことにしている。

「希望の灯」をいつも心にともしている人

私はルイ・パスツールの次の言葉が大好きだ。

「私が目標を達成した秘訣を教えよう。私の取り柄は不屈の精神だけだ」

希望という骨にしがみつく闘犬のようになろう。

以前なら絶望に陥っていた障害にふたたびぶつかろうと、「失敗」しようと、とにかく何が起ころうと、「希望」という骨に死ぬまでしがみつくのだ。

私は「これもまた過ぎ去る」という古い格言を思い出して、不屈の精神を固める。そして不屈の精神は人に伝染しやすい。

国全体に絶望ムードが漂う中で、自由を守るために国民の心を一つにまとめたウィンストン・チャーチルの感動的な言葉を聞いたことがあると思う。

「決して、決して、決して、決して、屈してはならない。何が起ころうと、決して屈せず、名誉と良識を固く信じるのだ」

耐えてやり抜こう。そして、どんな状況にあっても「自分は恵まれている」と神に感謝しよう。

つらくても、最後には報われる。希望の灯をともし続ける意義はそこにある。どんな絶望に陥ろうと、絶望をバネにして精神を高められると自分に言い聞かせよう。やがて、きっと、絶望に希望をもたらし、一歩前進して、すべての問題はスピリチュアルな力で解決できるとわかるようになるだろう。

10章

「与えられたもの」に感謝すると幸せがあふれる

——あなたには〝無限の可能性〟が秘められている

エネルギー・レベルが下がっていることを示す確かな兆候に、快活でなくなり、喜びを味わうことが少なくなるということがある。

聖フランチェスコは、

「悲しみのあるところに、喜びを」

という言葉を残している。

悲しみとは、「自分の人生で間違っていることや欠けているもののことばかり考える日々を送って、それが習慣化した態度」のことである。

私は導師アントニー・デ・メロの洞察にあふれた次の言葉が大好きだ。

「今、あなたが幸せを感じていない理由は一つしかない。自分にないもののことばかり考えているからだ」

悲しみとは、金や健康、愛、友達、場合によっては自由な時間といったものが十分にないと考えてばかりで、「不足の観点」から世界を見る習慣のことを言う。

一方、喜びは、「満たされているという観点」から世界を見ることを言う。喜びを感じている人々は、自分に力や才能があることを喜び、自分を人と比較しない。他の誰かの力や所有物、権力に威圧されることもない。

喜びは、自分の可能性、自分には無限の力があるという認識から生まれるのだ。

悲しみを消し去るには、自分が今持っているすべてのもの、手に入るすべてのものに喜んで感謝するとよい。そうすれば、悲しみという幻は消えるだろう。

古代エジプト人が「死」に際して投げかけた質問

作家のレオ・バスカリアが昔、「古代エジプト人は、死に際して、二つの質問にどう答えるかで死後の旅を続けられるかどうかが決まると信じていた」という話をしてくれたことがある。

最初の質問は「喜びを見つけたか?」で、二つ目の問いは「喜びをもたらしたか?」だという。「喜びを見つける」とは、自分が持っているものに感謝して生きようとすることだ。

悲しいことばかり考えるのが習慣になっているとすれば、それは自分をそう訓練したからだ。この習慣は、喜びをもたらせば矯正できる。

肝に銘じてほしい。世界に悲しみはない。あるのは、悲しいことを考える人々だけだ。三十年近くを空身で歩き続け、平和を身をもって体現し、路上で亡くなったピース・ピルグリムもこう述べている。

「神を知っていれば、楽しくないということはあり得ない」

「喜びの態度を培う」とは、実際には、気持ちを切り替えて、どんな状況に陥っても、無限の力のエネルギーを発揮するということだ。

「今、ここ」に没頭すると〝静かな喜び〟があふれ出す

「人生の目的」に向かって前進すると、喜びに包まれる。**「人生の目的」に向かって前進するのは精神を高める簡単な方法だ。**

アブラハム・マズローの欲求段階説の最終過程は「自己実現の欲求」である。これは自分の人生に目的や意義を深く感じ、スピリチュアルな喜びを感じる段階である。

つまり自己実現すると、たえず喜びを感じられるようになるのだ。

こんなふうにこの上ない幸せを感じられるかどうかは、どんなことを考えるかに左右される。つまり、周囲の人にどう見られているか、自分がどんな結果を出せるかを気にするのをやめ、**人生の営みに没頭する**ということだ。


人生の本当の目的とは、何をするかや理想の休暇旅行に行くことではない。**生きる本当の目的とは、スピリチュアルなエネルギーの導くままに生きることだ。**

こうした意識を持てば、自分の目的は何か、どうすれば目的が見つかるか問う必要はない。それどころか、自分はすべてのことを目的意識を持って行なっているという喜びを感じられる。

庭の草むしりをしていようと、小説を読んでいようと、雪かきをしていようと、交響曲をつくっていようと、渋滞した道路で運転をしていようと、寝室で静かに瞑想していようと関係ない。

無限の力に逆らわずに身をゆだねていれば、大きな喜びに包まれ、かつその喜びを多くの人と分かち合えるだろう。

幸運が十倍になって返ってくる〝心のテクニック〟

肉体や感情を超越し、すべてのものを客観視すること。そうすれば、悲しむことなどあり得ない。悟りを開いた人は、たいてい快活でこの上ない喜びを感じている。

あなたは自分はまだ悟りを開いていないと思うかもしれないが、本書のような本を読んでいるということは、そうなりたいと願っているということだ。もしそうなら、「悲しみに喜びをもたらす」ことができる人間でありたいと願ってほしい。

そして、そんな人になるためのアドバイスをいくつかしておこう。

❖悲しみは「認め、理解し、手放す」

悲しいのに幸せなふりをしてはいけない。悲しくなったら、悲しみを意識していると認め、そのまま悲しみに浸っていたいか自問しよう。

そんな状態のままでいたくないなら、悲しいのは自分の考え方のせいだと認識して、悲しみを心で理解しようと努めよう。

悲しくて当たり前と思ったら、いつまでそんな状態のままでいたいか考え、悲しいのは自分の考え方とエネルギーのレベルが低いせいだと理解して、悲しみを手放そう。楽しいことを考えれば悲しみは消える。

「認め、理解し、手放す」というこのちょっとした心のテクニックは、数秒で完了できる。そうしたければ数週間かけてもかまわない。

要は、悲しみを感じながら、その一方で悲しみを意識することによって、それを喜びに変える選択肢を自分に与えるのだ。

❖「幸せでいよう」と〝決意〟する

他人の痛ましい話や悲しい話を聞く時には、相手の身になりながらも、喜びをもたらすことを忘れずに。そうすれば、その場に高尚なエネルギーを送れる。

悲しみは、高いレベルの精神エネルギーとは共存できない。けんかを吹っかけられて応じないのと同じだ。最後には相手は消えるか、好戦的な態度をやめる。

悲しみに浸っている人が相手でも同じことだ。低いエネルギーの仲間入りをするのを拒んでいるな、と相手は感じ取るはずである。相手は一緒に重荷を背負ってくれる人間を探すか、あなたの確固たる態度と存在によって悲しみが消えるか、どちらかになるだろう。

私は、いつまでもふさぎ込んだ顔をしている人には、たいてい、次のような反応をしている。

「何があろうと、幸せでいようと決意すれば、事態はきっとよくなる」
「今は悲しいだろうが、きっと乗り越え、いつか笑顔で振り返れるようになる」

人生の困難と闘っている人に出くわすと、障害があっても自分は幸せだと私は感じ続けるようにしている。すると、相手が発している悲しみのエネルギーを消し去ることができる。

アリストテレスは次のように述べている。

「幸せは人生の意味・目的であり、人間の存在の目的そのものだ」

悲しいことを考えてしまったり、悲しんでいる人に出くわしたりしたら、この言葉を思い出すといい。

❖〝あと一日しか生きられないとしたら……〟と想像する

あと一日しか生きられないとわかった時に電話する相手を挙げてほしい。どんな言葉をかけるか想像しよう。

実際、明日という日があるとは誰にも約束できない。愛する者たちに自分の思いを伝えよう。怒らせたり、何らかのかたちで傷つけたりした相手に許しを請おう。なかなか癒えない傷があるなら、今日はそれを喜びに変える努力をしよう。花を贈り、電話をかけ、手紙を書こう。

自分が喜びを感じるやり方で、悲しみを消したいと望んでいることを伝えよう。そうすれば、喜びという強いスピリチュアルな力で悲しみを消し去ることができる。

❖〝使命感と情熱にあふれた人〟から学ぶ

これは、感覚や物質世界の低いレベルのエネルギーに高尚なエネルギーをもたらす、すばらしい方法だ。私たちが崇拝する聖人や魂の師たちは、決意と情熱にあふれ、強い目的意識と燃えるような願望を抱き、喜びで満たされている。

私はと言うと、したいことをすべて行なうのに十分な時間がないように思える。だから、憂鬱になったり、自己憐憫に浸ったりして無駄にする時間はない。

たしかに、私もときには傷ついたり、悲しくなったりする。しかし、周囲のすべてのものに畏敬の念を抱き、自分の運命を全うしたいという燃えるような願望を抱いているので、悲しんでいる時間はほとんどない。

崇拝する偉大な精神の師を見習おう。彼らは、この上ない幸せを感じながら生き、笑い、何でもないことに喜びを見いだす。バッタや貝殻、夜空に映える木のシルエット、あるいはあめ玉一つにも、彼らは喜びにあふれる。

こうした高尚な精神を持つ人物について書かれた作品を読もう。彼らの聖地を訪ね、信者と話し、そのエネルギーにどっぷり浸かれば、必ず「悲しみに喜びをもたらす」とは、どういうことかがわかるだろう。彼ら自身が喜びの象徴であるのだから。

「私は最高の幸せを感じている！」を合い言葉に

最後にジョン・テンプルトンの言葉を紹介しよう。

「前向きな生き方をするのに魔法のような効果を発揮する、簡単な言葉がある。『最高の幸せを感じよう！』。どんな境遇にあろうと、この上ない幸せを感じるようにすれば、全身が変化する。考えや表情、健康、態度がすべてよくなる」

私はジョン・テンプルトンの著書を読んでから、たびたびこのテクニックを試そうとしてきた。ただ自分にこう言うのだ。

「今この瞬間、周囲で何が起こっていようと、私はこの上ない幸せを感じようとしている」

すると、魔法のように、喜びという不思議な無限の力が湧いてくる。たとえれば、「物質世界のコンセント」から「無限の力のコンセント」に自分のプラグを入れ直すような感じだ。頭の中にこうしたイメージが湧くと、私は自分にこう言う。

「私は最高の幸せを感じている」

試してみてほしい。たちまちあらゆる幻が消え、スピリチュアルな力を感じられるようになるはずだ。

11章

「光」をあてれば「闇」は消え去る

——新しい世界・次元に出合う考え方

エマソンの言葉に「強い光で照らせば何でも美しくなる」というのがある。

あなたという存在が光を放っていれば、あなたの目に映るものはすべて美しくなる。

そして、自分の潜在能力を最大限に発揮している人の特徴は、「どこにでも美を見いだす人生」を送っているということだ。

私が手紙や著作の最後などに記すことにしている「光を（もたらすことができますように）」とは、「美がどこにでもあることを、自分の存在と態度で示せるように」という意味だ。

〝スピリチュアルなパワー〟は太陽の光と同じ

聖フランチェスコの、

「闇のあるところに光を」

という言葉は、まさにあらゆる問題をスピリチュアルな力で解決することを表わしている。闇は、人間社会の本質を見ることができない状態を象徴している。

ジョン・キーツは有名な詩の中で述べている。

「美は真であり、真は美である。これこそは、君たちがこの地上で知り、また知るべきすべてなのだ」

闇の中では、美にも真実にも気づかない。闇に光をもたらす生き方を実践すれば、あなたの前にはまったく新しい世界が開け、「人生は闇」という考えは誤解であることに気づくだろう。そして光を「出現」させれば、自分と自分が接する人が闇に迷い込まないようにできるのである。

暗い場所にランプを持っていくと、近くにいる人全員が光で照らされる。「光を持ってきた」と知らせる必要はない。誰もがすぐに光の存在に気づき、闇が消える。

太陽を光の源と考えてほしい。太陽は常に輝いている。雲に隠れても、太陽はやはり輝いている。夜になると太陽は沈むように思えるが、それは幻で、太陽は常に輝き続けている。

そして、**スピリチュアルなパワーは太陽の光と同じである。**

この真の光は、たとえ目には見えなくても、太陽が常に輝いているのと同じように、いつも輝いている。そして、どんな時でも「闇を消す光」となる。

光と闇が共存できないことはあなたもすぐにわかるだろう。光をもたらすと必ず闇が消えるのだ。

〝人の心を照らす人〟になる「心の習慣」

自分を光の存在――闇を消し去る力を持つ高尚なエネルギー・システム――と考えること。あなたは光の使者だ。行く先々で光を放ち、自分や他の人が闇に打ち克つのを助けることができる。

光を高尚なエネルギーと考えるだけでなく、一種の「態度」と考えてほしい。つまり、光の考え方もあれば、闇の考え方もある、ということだ。光の考えを抱けば、どんな問題でも消し去る〝汚れのない輝き〟をもたらすことができる。

友人や愛する人が白い光に包まれるのを見た、と人が話すのを聞いたことがあるだろう。こうした話は、光は純粋で、危険なエネルギーや有害なエネルギーから人を守ることができるという意識を反映している。

愛する者を白い光で包むということは、愛にあふれた考えを送り、その力を信じて人を守るということだ。

あかりのスイッチを入れたとたん、暗い部屋が明るくなるように、光の考えが闇を消し去ることを人は本能的に知っている。愛にあふれた考えを抱き、それを多くの人に送っているところをイメージしよう。

そこで、まずは「光の使者」になるための四つの要素について考えてみよう。

1 〝心の純度〟をいつもチェックする

物質世界では、「純粋」という言葉は水や空気、血、食物などに使われ、清らかで澄み、汚れておらず、何も混ざっていない状態を指す。純化すれば、病気や汚れた空気、バクテリアといった問題はなくなる。

これは汚れた思考や行動にも言える。

最近の話だが、夜、駐車場に行くと、大勢の若者が高校の卒業パーティーのために集まっていた。酒と麻薬が若者に悪い影響を及ぼしているようだった。まもなく、罰当たりな言葉や脅し文句が飛び交い、今にも殴り合いのけんかが始まりそうになった。

そこで私は乱闘が始まると、そのまっただ中に入って、光の考えを発散しようと意識し、無言のまま若者たちを光で包んだ。すると若者たちは散り散りになり、乱暴な脅し文句も飛び交わなくなった。

低俗なエネルギーに純粋な愛に満ちた光を送ることに成功したのは明らかだった。あなたもこうした純粋な光を放てば、周囲の人間にいい影響を与えることができる。汚れた考えや行動は純粋な光のパワーに耐えられない。闇が光の存在に耐えられないのと同じだ。

2 「人にしてもらいたいこと」を、相手にする

光の使者になるとは、「人にしてもらいたいと思うことを、自分も人にする」という黄金律に従って生きることだ。

光と道徳は切り離して考えることができない。暗雲に光をもたらしたければ、自分が望むような扱いを人にもすることだ。正しい扱いを受けたと感じたとたん、人の心

は暗雲が消えたように感じるものだ。

最近、息子と買い物の列に並んでいる時、隣の列の女性がソフトドリンクを三つ注文してから、お金が足りないことに気づき、見るからに動揺していた。しかし、店員は同情した様子をみじんも見せなかった。

こういう時、私はいつもお金を差し出すことにしており、この時もそうした。こんな時、自分ならどう扱われたいか考え、黄金律に従ったのだ。

妻や子どもと口論をした後にも、この黄金律に従っている。イライラしながら一人で座り、自分がどう扱われたいかを考える。すると、自然に体が動き、沈黙を破って話しかけたり、謝りたくなる。

黄金律が闇に投げかけた光の中で、問題は消え去るのだ。

3　人生から〝ごまかし〟を消し去る

詩人のジェームズ・ラッセル・ローウェルはかつてこう言った。

「光は真実の象徴だ」

私はこれに付け加えたい。「闇は偽りの象徴だ」と。闇の中に真実を隠すことはできても、闇に光をあてると秘密はなくなり、すべてが明るみに出る。つまり、闇は隠し、光は明るみに出すということだ。

聖フランチェスコの祈りの言葉にあるように、闇のあるところに光をもたらすとは、真実を隠さずに率直な態度をとるということでもある。デヴィッド・ホーキンズは著書の中で、次のように述べている。

「日常生活を振り返ると、恐怖はみな嘘に根ざしていることに気づく。嘘を真実に置き換えることは、目に見えるものと目に見えないものすべての癒しの本質である」

何年も前のことだが、私はカウンセリング雑誌に「あなたは誰を信じるか？」というタイトルの記事を書いた。私たちは進んで真実を語る人を、たとえその真実が気に入らなくても信じる傾向があるというのが、記事の中心テーマだ。

耳に心地よい言葉にしばしば慰められることはあっても、そんな言葉を口にする人たちを私たちは信じないものだ。誰かからアドバイスや助けを得る必要がある時、あなたは誰の意見を信じるだろうか？　あなたをいい気分にさせることにしか興味がない人だろうか、真実を語る人だろうか？

聖書の言葉にあるように**「真理はあなたたちを自由にする」**のだ。

流行のダイエットをすべて試しているのに体重を落とすことができずにいた太った女性と散歩したことがある。

彼女は私に、「過食の問題ではない、代謝の問題が肥満の原因だ」と言った。

私は、自分の問題に正直に向き合うようにアドバイスした。具体的には一週間の間、毎日、食べたり飲んだりしたものをすべてメモし、運動の正直な記録をつけるように言った。

一週間が終わり、彼女は明らかになった「真実」に仰天した。

彼女は、真実に目をつぶり自分を欺いていたことに気づいた。一日に何度も食べ物を口にし、めったに運動せず、ほとんど水を飲まないで、自分が思っていたよりも大量のソフトドリンクとアルコールを消費していることを「忘れていた」のだ。

自分を欺いていたのは、もっぱら他人の目に触れない一人の時、いわば暗闇の中でだった。真実を知ることで彼女は自由になり、体重を落とすことに成功した。問題を解消することができたのだ。

4「人生の目的」をはっきりさせる

光の中で生き、闇を光で照らすと、問題がはっきり見える。光には「明瞭」という特徴がある。こうした明瞭さは、闇の中で生まれるものとはまさに正反対だ。闇の中では、すがれる何かを探し回り、最初に触れたものをつかむ。

以前、著書の執筆のために、大勢の偉大な師とその教えについて調べたことがあった。そして、彼らには一つの共通項があることに私は気づいた。

それは、**「人生の目的がはっきりしている」**ということだ。

ミケランジェロやダ・ヴィンチは明確なヴィジョンを持ち、創造するすべてのものにこの明瞭な光を照射した。ヘンリー・デヴィッド・ソローは、自分がしなければならないことを完璧に把握し、結果に関係なく、目的に向かって邁進した。イギリス、ヴィクトリア朝詩壇を代表する詩人ロバート・ブラウニングの妻で女流詩人のエリザベス・バレット・ブラウニングは、過保護な父親の頑固な性格という闇を抜け出す必要性をはっきり認識し、自分の使命を果たすために外国に逃れた。

このように、偉大な人物たちは、明確な目的を持ち、疑念や人生の闇によってこうした目的を見失うことはなかった。

明確なヴィジョンのある人はエネルギー・レベルを高めて、無限の力に導かれやすくなるのである。

以上、「光の使者」になるための四つの要素を書いた。

次に人生の闇に光をもたらすためのアドバイスをいくつか記しておこう。

〝宇宙と大自然の神秘〟に心をゆだねる

作家のハリエット・ビーチャー・ストウはかつてこう述べている。

「どんな人生を送っていても、人の心は美を渇望する」

「どんな人生を送っていても」とは、どんな問題を抱えていようと、苦況にあろうと、という意味だ。

つらい時にも、一日一回でもいいから、近くにある美を探そう。

一日一回だったのがやがて二回になり、まもなく、美しいものを見つけることがあなたの習慣になるだろう。

闇が存在する時に幸せなふりをしてはいけない。

それよりも、自分と自分の境遇に畏敬の念を抱こう。生きていることのすばらしさに思いをめぐらそう。宇宙の広大さに畏敬の念を抱こう。暗雲の向こうではいつも太陽が輝き、闇に見えるものの向こうには、闇を消し去る永遠の光が必ずあることを知ろう。

自分の潜在能力を最大限に発揮したと考えられている人々は、どんな場所にも美を見いだすことができ、それが人生の原動力になっている。

美に感謝して闇を光で照らすには、しばし立ちどまって、まわりを見回すだけでいいのだから。

困難こそ「魂」を磨き上げる

ヘレン・ケラーのように闇を克服した人物の伝記や、困難に打ち克つ話を読むと、私はいつも精神が高められる。どんな問題を抱えていても、自分も同じように意欲的に取り組み、光をもたらすことができると強く感じられる。

ランス・アームストロングは、末期ガンと診断されたが、精巣と肺と胃と脳にあった腫瘍を摘出する大手術を耐え抜いた。そして、真夏の山岳地帯で約四千キロの距離を自転車で走って、肉体の耐久力を試す最も過酷なレース、ツール・ド・フランスで優勝する。そして、偉業を強調するかのように、彼は翌年も同じレースで優勝する。

アームストロングの物語に私は驚嘆した。

彼の生き方は、**人は最も暗い闇の時期にでも光を見いだし、どんな障害にも光をもたらすことができる**ことを物語っている。

アームストロングが自転車にまたがる姿を見たり、彼の著書『ただマイヨ・ジョーヌのためでなく』を読んだり、インタビューを聴いたりすると、あらたな頂点を目指す勇気が湧いてくる。

あらたな頂点とは、必ずしも物理的な挑戦を意味するわけではない。闇の中に生きている人に光とスピリチュアルなエネルギーをもたらすことを指しているのだ。

こうすれば〝オーラ〟さえも自在に変えられる

思い出してほしい。すべてのものはエネルギーだ。固体や音、光、思考、精神は、すべて一定のリズムで振動する波動だ。あなたは光の使者となって、他の人が人生の闇を消し去る手助けをすることができる。

光の考えを抱き、瞑想によって、自分が選んだ相手を明瞭で純粋な白い光が包んでいる光景をイメージしよう。

私と妻は、日頃から白い光を送るようにしている。子どもが夜遅くなっても帰ってこないと、私たちは彼らを光で包み、愛のエネルギーを送るようにしている。そして、闇や危険ではなく光を心に描くのだ。

私たちの体を包む、電磁場に似た光のエネルギー、オーラについても私は研究している。精神を目覚めさせれば、オーラを見たり変えたりすることができる。キルリアン写真（体のまわりの水蒸気を媒体とした電磁場を撮影したもの）を見ると、生物は目に見えない光のオーラに包まれていることがわかる。

こうした光が存在し、思考や感情によってその光に変更を加えることができるなら、この純粋な光を送って誰かを闇から守ることもできる。何ものにも執着せず、すべてのものに心を開いて、試してみよう。

一緒に〝暗い顔〟をしていても問題は解決されない

自分の中に光を見るようにしよう。どんなに厳しい環境、状況にあっても、光の考えを抱こう。

たとえば、「状況はかなり悪い」「すべてが悪い方向に行くようだ」と考え、状況が悪化したところを思い浮かべてばかりいると、人生に闇を引きつけることになる。

同様に、不幸な人生を送っている人に近づいて、恐怖を抱いたり、相手を思って苦悩したりすれば、自分も闇に包まれる。

こんな時は、相手の暗い考えに〝同調〟するのではなく、光をもたらして闇を消し去ることだ。

また、人を思いやるのは美徳だが、「同情する」ことと「闇を深める」ことを混同してはならない。光と愛の考えを抱き、こうしたエネルギーを発散して闇の中に入ろう。あなたの光のエネルギーが闇を薄くするだろう。

本書の中で何度も述べたように、無限の力が存在しないところはないし、無限の力が存在するところでは万事がうまくいくのだ。

〝太陽の光〟を浴びれば気分が一新！

もし憂鬱なことを考えてしまったら、その都度、立ち上がって光を浴びることが必要だ。そして、光を浴びると気分がよくなるのがわかるだろう。光の中に入ると、暗いことを考えなくなる。

自分の考えに怯えた時には、明るい日の光の中でもう一度考え直すとよい。夜、ベッドの中では恐ろしく思えたことも、日光にあたりながら振り返るとそれほど恐く思えないものだ。

孤児院で生活していた少年時代、私は母が恋しくて、母の身に何か起きて二度と会えなくなることを恐れていた。ありとあらゆる暗い出来事を想像してばかりいたら、不安が高じて、ついには本当に恐ろしくなった。翌朝、安全な光の中にいると恐怖は消え、なぜそんなに怯えていたのだろうと首を傾げた。

とにかく、光は部屋の闇を減らすだけでなく、疑念や恐怖心をも消し去る。光は高尚なエネルギーで、自分に無限の力があることの象徴だ。今度、暗いことを考えたら、日の光を浴びよう。きっと効果があるはずだ。

体と頭をデトックスするシンプル習慣

いつも光にあふれた考えを抱いているためには、**自分の体から汚染源を取り除き、体の中から純粋になることも大切である。**具体的には、飲む水の量を増やし、ソーダ水やアルコール、コーヒーのようなにごった液体の量を減らすのだ。

ミネラルウォーターを一日に八～十杯飲むと、体のエネルギー・バランスを失わせる多くの毒素が洗い流される。毎日、大量の水を飲んで体を清めるだけで、心が軽くなり、楽観的になって、精神エネルギーをより一層感じられるようになる。

ダイエット・ソーダばかり飲むのをやめるように妻に言われて、私は十四年前から、水で体を清める方法を実践している。それまでは、一日に三五〇ミリリットル入りの缶入りソーダを八～十本飲んでいた。現在は、毎日、四リットル前後のミネラルウォーターを飲んでいる。

この純化のプロセスを食べ物にも応用しよう。体にとって何が純粋で何が毒かはわかるはずだ。毎日、最低三切れの果物を食べ、一日二回は新鮮な有機野菜を摂ろう。毒のない食事をすれば、気分がよくなるのがわかるだろう。

そして、**純化のプロセスを完了するために、純粋な考えを抱く**ようにしよう。批判したり、腹を立てたりしないよう、自分を訓練するのだ。汚れた、あるいは批判的な考えを抱いているのに気づいたら、自分を抑えよう。自分の汚れた考えに明るい光が差しているところを思い浮かべれば、光がこうした暗い考えを消し去ってくれる。

「問題」を抱えてイライラしたり、無力感に襲われたりしても、**一瞬の間、心に光を入れるだけで、気分が変わる。**

自分には無限の力がないという思い込みの他には、問題は存在しないことを思い出そう。問題は、自分の心の中にある。

体と思考、言葉を清めれば、清らかな行動をとるようになり、ついには自分がつくり出す人生の闇を光で照らせるようになる。

自分に〝一〇〇パーセント正直に〟生きよう

あなたには「真実」にこだわってほしい。どういうかたちであろうと、真実を偽れば、精神が汚される。光を弱めて、闇を呼び寄せることになる。

体によくない食べ物を食べている、体重が増えた、攻撃的すぎる、うぬぼれが過ぎる、お金のことばかり考えている、目的を見失っている……こんな時に私にずばりと言ってくれるのは、私の妻のような人たちだ。真実を語る人たちは、ゆっくりと忍び寄っていた闇を光で照らして消し去ってくれる。

真実は光の中にある。他人を助ける時には真実を語り、自分に対しても、いつも一〇〇パーセント正直に生きよう。

モラルに反した、あるいは害がある行動といった、人生のすべての闇をすぐに消し去ることはできないかもしれない。それでも、自分に完全に正直になり、強がっていても自分は本当は弱い人間なのだと認めれば、自分の中に高尚なエネルギーが満ちあふれてくるだろう。

ウィリアム・シェークスピアの言葉、「己に対して忠実たれ」は言い得て妙である。

「闇のあるところに、光を」という聖フランチェ・スコの祈りは、あらゆる問題をスピリチュアルな力で解決しやすくする力強い言葉だ。

光は純粋で、道徳的で、明るく、嘘がない。光の道を歩めば闇は消える。他に選択肢はない。光をもたらせば、あなたの人生から闇はたちまち消え去るだろう。

訳者解説……人間の成長の〝最終地点〟にまで到達できる本

渡部　昇一

本書はウエイン・W・ダイアー博士の全米ベストセラー*There's a Spiritual Solution to Every Problem*を編訳したものである。この本を解説するにあたり、まずはキーワードとなっている「スピリチュアル」という言葉の意味から読み解いていきたい。

『人間　この未知なるもの』（三笠書房刊、渡部昇一訳・解説）の著者アレキシス・カレルは、その最晩年の著書『ルルドへの旅』の中で次のように述べている。

「我々西洋の人間にとって、理性は直感よりもはるかに優れたものと思われ、また我々は感情よりも理性のほうをはるかに好んでいる。それゆえ、科学は輝かしい存在になっているのに対して、宗教は影を潜めているわけだ。つまり、我々はデカルトに従い、パスカルを見捨てていると言える」

ちなみにアレキシス・カレルは一九一二年にノーベル生理学医学賞を受賞した、超一流の外科医であり、血管縫合手術を開発し、またハトの心臓を数十年間生かす実験を成功させ、今日の移植医療へとつながる数多くの業績を残した人物である。

そのような最高の医学者であった彼が、

「我々はデカルトに従い、パスカルを見捨てている」

と二人の偉大な知性を持った科学者を対比しているのが面白いと思う。

デカルトは『方法序説』（一六三七年）、『哲学の原理』（一六四四年）などの著書によって、近代的科学や哲学の方法論を示した。さらに数学では解析学を発見し、事実上、近代科学の基礎を確立させた人物と言ってもいいだろう。

ニュートンに先んずること約半世紀、デカルトはニュートンによって完成した科学的な世界観の先鞭をつけたと言えるだろう。

そして、ニュートン以後のヨーロッパ、ひいては世界のあらゆる学問は、自然科学の発展と共に進んでいったのである。

しかし、ちょうどそれと同じころ、パスカルが『パンセ』の中で次のようなことを言っている。

「人間には、幾何学的精神と繊細なる精神がある」

この幾何学的精神とは、まさにデカルトによって確立された自然科学を追求する精神のことだ。

パスカル自身は「パスカルの定理」を発見したくらいの〝幾何学の天才〟であったが、人間には数学的な発想ではとらえられない別種の部分があり、これを彼は〝繊細なる精神〟と言ったのだ。

これは、宗教、芸術といった分野などがそうである。数学や力学では説明できないものすべてを指すと言ってよいと思う。

つまり、パスカルの言う〝繊細なる精神〟とは、デカルトが触れなかった、人間の「スピリチュアルな面」と考えていいだろう。

そして本書は、まさにアレキシス・カレルが指摘した通り、私たちがふだん見捨てがちになっている「スピリチュアルな面」を扱った本なのである。

◆人間の精神的な活動のすべてが〝スピリチュアル〟

このスピリチュアルという言葉は、宗教に直接関係する場合に用いられることが多いので、余計な連想を招くかもしれない。しかし、最近の科学では幾何学的精神とは関係のない部分を「クオリア」と呼んでおり、ダイアーの言う「スピリチュアル」とは、このクオリアに近いものだと私は考えている。

クオリアの意味は元来、「どのような」を意味するラテン語の形容詞の中性複数形であるから、現代英語ではqualities《クオリティズ》（性質）と訳してもよいところだが、最近は自然科学的に数と量で表わされるものに対して、それではとらえることのできないものを総括してqualia《クオリア》と呼ぶようになったのである。

最近の百科事典で見ると、「意識が何かの感覚刺激を受け取った時に発生する感触のこと」とある。つまり、他者には観察できない「質的な」ことである。

このように自然科学が発達していくと、「自然科学ではわからないことも、はっきりしてきた」わけであるが、そういう科学では解明できない感覚的な世界をクオリアと言っているわけだ。

たとえば、人間の精神に一番関係のある大脳の研究でも、今では舌を横にちょっと動かせば、あるいは朝にやさしい計算をすれば、血液が脳内のどこに流れるかということまでよくわかるし、脳のシナプスがどこでどうなっているかもわかる。

しかし、そうしたことがいくらわかっても、その脳の持ち主が何を考えているか、その内容は一切わからないわけであり、その時読んでいた本が悲しい本なのか、楽しい本なのか、そこまではわからない。そのわからない部分がクオリアであって、そこを最近の認知学は重視するわけである。それは幾何学的な精神の外にあるものと言っていいだろう。

わかりやすくおおざっぱに言えば、人間の精神的な活動、数学的な処理にはまったくあてはまらない分野、つまり繊細なる精神をクオリアと言ってもいいだろうし、スピリチュアルという言葉で語ってもいいと思う。

そして、〝幾何学的精神〟を「インテリジェンス」という言葉に置き換えてみると、よりわかりやすいかと思う。

　さて、この本の著者ダイアーであるが、超ベストセラー『「自分の価値」を高める力』（*Your Erroneous Zones*）、『「頭のいい人」はシンプルに生きる』（*Pulling Your Own Strings*）を執筆した今から三十数年前のころは、完全にインテリジェントな面での論争を重んじた人であった。

　そして、それはアメリカの訴訟社会に非常に有効な方法であって、週刊誌『タイム』でも、ほとんど空前と言ってもいいほどの長い間、ベストセラーのリストの一位を占めてきたのである。


　実は私もこの本の翻訳に関係したころに、彼の薦める方法によって、地方税（住民税）をそっくり返していただいたことがあった。

　当時、私は家族と共にエディンバラにいたのだが、家族の一人が他界したことで、丸一年間の滞在予定より、ほんの少しだけ早めに帰国することになったのである。家内は一足先に帰り、私は一週間ほど遅れて帰国したが、それは丸一年より三日ほど足りない日にちであった。

　地方税に関しては、元日に日本を不在にしており、丸一年間、国内にいなければ払わなくていいという決まりになっている。だから私の場合も、三日ほど足りないとはいえ、実質上は一年間日本にいなかったわけで、地方税は免除になると区の税務課に主張したが、うまくいかなかった。

その時、ちょうどダイアーの『「頭のいい人」はシンプルに生きる』の翻訳に関わっていたので、そこに書かれた通りのことを実行することによって、首尾よく数百万円の地方税がすべて返ってくるという経験をしたのである。

こうした自身の経験からも、なるほどダイアーは実践的な生活の知恵を教えるすばらしい人だと思っていたのである。

◆マズローの〝欲求段階説〟と合致する成長のプロセス

しかし、ダイアーは単にこの世の生活技術のみならず、インテリジェントなものからスピリチュアルなものへと興味と関心が動いていった。

その後、私は彼の主なる著書に二十数年つきあってきたので、彼の成長過程がよくわかる。そして彼は自分の死んだ父との神秘的体験もあって、完全にスピリチュアルなほうにウエイトをかける著者になったのである。

これはもちろん、彼のインテリジェントな分野での本が無用になったという意味ではない。

実際、『「自分の価値」を高める力』や『「頭のいい人」はシンプルに生きる』は、今なお多くの読者に読み継がれているし、ダイアーと本書ではじめて出会った人には、こうした著作を一読することを強くお勧めする。

ただ、そうした本で書かれているインテリジェントな次元とは違った次元の世界がある、ということを本書は示しているのである。


彼の成長のプロセスをたどると、次には、マズローの〝欲求段階説〟（人間は原初的な欲求を満たすと、より高次の欲求へと関心が移るという説）と合致するところが多かったと思う。

さらに進んで彼は「潜在意識に刷り込まれた願望はかなえられる」といった段階にまで進んだのである。これは、J・マーフィー（著作については、三笠書房でシリーズが刊行されている）などが教えるところと一致する。

そして、彼は人間の成長の最終地点として、完全に神秘的な次元にまで到達したわけである。今回の本では、たとえば原著の第二部（日本語版では6章以下）は、アッシジの聖フランチェスコの「平和の祈り」を柱に項目を立てている。

そして、精神分析医であった経験も含めて、その言葉の意味を解説しているが、彼がアッシジの聖フランチェスコを取り上げたことに、私は大変に驚いたのである。

アッシジの聖フランチェスコというのは、日本で言えば、北条政権の初めのころの人であるが、元来は富裕な織物業者の息子であった。一時は騎士に憧れて戦場に行ったところ、捕虜になって名誉を失って帰ってきた。その後、啓示を受けて宗教の道に入るが、まったくの無一物で出ていき、私有財産をまったく持たない修道会をつくったのである。

一二一一年に十一人で始めたその修道会は、わずか八年後には五千人の修道会になり、フランチェスコ会は、カトリックの中でも最も大きな修道会の一つになったのである。

本文にもあるように、フランチェスコの晩年には、聖痕が出てきた。聖痕というのは、キリストが十字架にかけられた時と同じ箇所（手と脇腹）に出る傷跡のことである。その意味で、聖フランチェスコという人は、究極の放棄、現世のものを徹底的に捨てた、キリスト教界の極北までいった聖人である。

その人の祈りの言葉が、ダイアーの著作の柱になっているというのは、私はきわめて目覚ましいことだと思っている。

◆「他力」の概念と「奇跡的な治癒」を与える力

それから、今回のダイアーの著書には、「他力」の概念が非常に強くなっている。他力とは、「人事を尽くして天命を待つ」というニュアンスに近いと思うが、こうした気持ちになると、天から助けのロープが降りてくるということを彼は書いている。

そして、他力者に見られるように「スピリチュアルな生き方を実践すると、非常に快活になる」と言っているのである。

これは、日本人にもわかりやすい思想で、一休さんが非常にユーモアのある人であったことは知られている。また、アッシジの聖フランチェスコもきわめて快活な人だったことがわかっているし、鳥や動物たちが寄ってきたことでも有名だ。

そして、他力の生き方を実践していくと、「勝つことを意識しなくても勝てる、あるいは望ましい成果が出る」という経験を持つようになるとダイアーは言うのだ。

かつては、「自分のエゴを絶対に曲げずに主張を貫くこと」を教えることで成功した人が、「エゴをむき出しにすることは無用である」というような境地になることこそ目覚ましいのではないかと思う。

「勝つことを必要としない、必要としなくても勝ってしまう」というような考えである。

そして、聖フランチェスコを非常に重んじてはいるが、インドの聖者などの知恵もいろいろ紹介しており、彼の「特定のセクトにはとらわれない」という姿勢が明らかである。

別の言葉で言うならば、江戸時代に発達した「心学」の考え方に近くなったのではないかと私は思ったのである。日本の心学の特徴は、特定の宗教の体系的な教えに入り込まずに、種々の偉い宗教家の教えを自分が受けとめて、それによって自分の魂を向上させていくというところにある。

神道でも、儒教でも、仏教でも、何でもいいから、自分の心の玉を磨く「磨き砂」にしようというのが心学の精神であったが、ダイアーの考えも西洋、東洋の最も優れたスピリチュアルな教えを、自分のスピリチュアルな面の向上に使おうという姿勢がよく表われているように思う。

そして、私が驚いたことに、今の彼がどこまでいったかと言うと、人に治癒を与える力さえ手にするようになったのである。

180ページに紹介されているが、バイク事故に遭った瀕死状態の青年に、ダイアーは集中治療室で祝福を与え、回復を祈ってあげた。そして、その後、ダイアーはすっかりよくなった彼と再会を果たすのである。これは、ある意味では〝スピリチュアル体験の極限〟と言ってもいいのである。

今でも宗教を始めた人たちは、奇跡的な治癒力を持った人が多い。

たとえば、天理教では教祖の中山みきのところに、悩める人、あるいは病気の人が会いに行くと、「よく来たねえ」と言われるだけで病気が治ったというエピソードがある。

また、アメリカでは「クリスチャン・サイエンス」というキリスト教団がある。「この世の中に悪いものがあるはずがない、神がつくったものはみな善いものだ」というのがクリスチャン・サイエンスの信念だが、その創設者メリー・ベーカー・エディの教えを実践すると瞬間的に病気が治ったりする。このクリスチャン・サイエンスは、今でも大きな力のある教団である。

また、クリスチャン・サイエンスの出版物を積極的に翻訳している「生長の家」の谷口雅春も、あらゆる宗教の中に真理を認めて治癒力を身につけたようだが、今のダイアーはそうした段階に達しているのではないかと思うのだ。

ただ、彼が普通の宗教家と違うところは、出発点が精神分析医であったという点である。つまり、カウンセリングの経験があるので、話が現代人にわかりやすいところが多いのではないかと私は思っている。

ダイアーは、孤児院で育ったそうだが、その苦労を乗り越えて博士号を取り、助教授にまでなった。その時に「人間とはなんぞや」ということをストア哲学から学んだようである。ストア哲学では、「自分という存在は、自分の手でも、足でも、口でもなく、自分の心だ」と考える。

そこまで達すると一種の悟りになる。そこを出発点にして、彼は知的な方法で論争に勝ったり、要求を通したりするという方法を著作に表わしたのである。そして「人間とはなんぞや」を突き詰めて、本当にスピリチュアルなところに到達したというのが、現代の彼の姿である。

また、本書は直訳ではなく、この種の本をよりよく理解するために、編集部と相談した上で編訳というかたちにしたことをお伝えしておく。

最後に、すべての宗教を求める人の究極の存在であり、ダイアーもそうだと考えていたアッシジの聖フランチェスコの「平和の祈り」を参考のために付け加えておきたい。

「平和の祈り」

わたしを
あなたの平和の使者としてください
憎しみのあるところに
愛をもたらすことができますように
いさかいあるところに許しを
分裂のあるところに一致を
迷いのあるところに信仰を
誤りのあるところに真理を
絶望のあるところに希望を
悲しみのあるところに喜びを
闇のあるところに
光をもたらすことができますように
助け、導いてください

慰められることよりも慰めることを
理解されることよりも理解することを
愛されることよりも愛することを
わたしが求めますように
わたしたちは与えることにより与えられ
許すことにより許され
人のために死ぬことによって
永遠の命をいただくのですから

本書は、小社より刊行した『ダイアー博士のスピリチュアル・ライフ』を、文庫収録にあたり再編集のうえ、改題したものです。

自分《じぶん》のまわりに
「不思議《ふしぎ》な奇跡《きせき》」がたくさん起《お》こる!

著者　ウエイン・W・ダイアー
訳者　渡部昇一（わたなべ・しょういち）
発行者　押鐘太陽
発行所　株式会社三笠書房
〒102-0072 東京都千代田区飯田橋3-3-1
電話　03-5226-5734（営業部）03-5226-5731（編集部）
http://www.mikasashobo.co.jp
印刷　誠宏印刷
製本　ナショナル製本

 ISBN978-4-8379-6584-8 C0130

王様文庫